"珍藏中国"系列图书

贾文毓 孙铁◎主编

五谷飘香

中国的农业

韩 薇 编著

希望出版社

图书在版编目（CIP）数据

中国的农业：五谷飘香 / 贾文毓主编 . -- 太原：希望出版社，2014.10（2022.9重印）

（珍藏中国系列）

ISBN 978-7-5379-7102-7

Ⅰ . ①中… Ⅱ . ①贾… Ⅲ . ①农业经济－中国－青少年读物

②园林－中国－少年读物 Ⅳ . ① F32-49

中国版本图书馆 CIP 数据核字（2014）第 230622 号

图片代理： www.fotoe.com

中国的农业——五谷飘香

著　　者　罗丙艳
责任编辑　张　平
复　　审　杨照河
终　　审　刘志屏
图片编辑　封小莉
封面设计　高　煜
技术编辑　张俊玲
出版发行　山西出版传媒集团·希望出版社
地　　址　山西省太原市建设南路21号
经　　销　新华书店
制　　作　广州公元传播有限公司
印　　刷　北京一鑫印务有限责任公司
规　　格　720mm×1000mm　1/16　14印张
字　　数　280千字
版　　次　2015年2月第1版
印　　次　2022年9月第5次印刷
书　　号　ISBN 978-7-5379-7102-7
定　　价　48.00元

目录

一、关于农业的基本问题

什么是农业 …………………………………… 12

农业可以分为哪几类 ……………………………… 14

按生产对象分类…………………………………… 14

按投入多少分类…………………………………… 15

按产品用途分类…………………………………… 16

按农业发展阶段分类……………………………… 18

世界主要农业的地域类型 …………………… 20

农业的耕作制度 …………………………… 24

为什么说农业是国民经济的基础 ………… 25

二、农业溯源之旅

农业鼻祖“神农氏”的传说 ……………… 28

黄帝为农业做的贡献 ……………………… 32

黄帝让嫘祖传授育桑养蚕之技 …………… 33

黄帝让嫫母教会了大家如何抽丝织帛 …… 33

黄帝开启了中原平原农业文化 …………… 33

黄帝是田亩制的开创者 …………………… 34

盘古与水稻的不解之缘 …………………… 35

擅长稼穑的后稷 …………………………… 37

后稷的身世之谜 …………………………… 37

后稷稼穑 …………………………………… 38

我国农业溯源 ……………………………… 39

农具的创制 ………………………………… 39

农种的栽培 ………………………………… 39

农业耕作方法的创新 ……………………… 40

农业基础设施的建设 ……………………… 41

三、硕果累累的农业文明

杂交水稻养活了13亿中国人 …… 43

杂交水稻之父——袁隆平 …… 43

杂交水稻原理 …… 43

饥饿的启迪 …… 44

重温经典之“新发现” …… 44

沙漠中的绿色岛屿——绿洲农业 …… 48

什么是绿洲农业 …… 49

绿洲农业用水何处来 …… 49

沙漠中的水利工程 …… 51

丰硕的绿洲农产品 …… 53

现代农业的典范——生态农业 …… 55

生态农业面面观 …… 55

生态农业实践模式大展馆 …… 55

生态农业的来龙去脉——大势所趋，潮流所向 …… 60

生长在天梯上的庄稼——梯田农业 …… 64

梯田农业知多少 …… 64

中国梯田魅力之旅（一）——走进元阳梯田 …… 66

中国梯田魅力之旅（二）——走进秀美的龙脊梯田 …… 69

节约用水的楷模——节水农业 …… 75

势在必行的节水农业之路 …… 75

“节水农业”多面观 …… 78

我国节水灌溉农业的发展历史…………………………………… 81
我国节水农业存在的问题…………………………………………… 83

珍惜每一寸空间，合理利用每一秒时间
——立体农业 …… 84

立体农业知多少……………………………………………………… 84
立体农业模式………………………………………………………… 85

明天一定会更好——观光农业 ………………… 87

观光农业的基本问题………………………………………………… 87
我国观光农业的优势和应注意的问题……………………………… 89

四、与农业发展息息相关的因素

气候与农业 …………………………………………… 93

气候和天气…………………………………………………………… 93
我国气候特征………………………………………………………… 94
我国气候对农业生产的影响………………………………………… 95

地形与农业 …………………………………………… 98

地形对农业的影响…………………………………………………… 98
我国地形与农业……………………………………………………… 98

土壤与农业 …………………………………………… 99

土壤的分类…………………………………………………………… 99
土壤对农业的影响…………………………………………………… 100

五、琳琅满目的农产品

粮食作物……………………………… 102

水稻……………………………………………… 102

小麦……………………………………………… 105

玉米……………………………………………… 107

马铃薯…………………………………………… 109

甘薯……………………………………………… 112

经济作物………………………………114

棉花……………………………………………… 114

花生……………………………………………… 117

油菜……………………………………………… 118

芝麻……………………………………………… 121

向日葵…………………………………………… 123

烟草……………………………………………… 124

甜菜……………………………………………… 125

甘蔗……………………………………………… 126

林产品 ………………………………… 128

我国森林的地域分布…………………………… 128

落叶松…………………………………………… 132

云杉……………………………………………… 134

牧产品 ………………………………… 135

三河牛…………………………………………… 135

三河马……136
滩羊……137
新疆细毛羊……138
牦牛……138
淡水水产品……140
鲢鱼……140
草鱼……141
青鱼……141
鳙鱼……142
鲤鱼……143
海洋水产……145
大黄鱼……145
小黄鱼……146
带鱼……147
乌贼……149

六、我国主要的农产品基地

商品粮基地……152
天府之国——成都平原……152
湖广熟，天下足——江汉平原……154
洞庭湖平原……155
鄱阳湖平原……156
太湖平原……158
珠江三角洲……158

波状平原——松嫩平原……159
北大仓——三江平原……160
江淮地区……163

森林的宝库——林区……164

三大林区……164
三大防护林……167

牧区……170

内蒙古牧区……170
新疆牧区……171
西藏牧区……172
青海、甘肃牧区……173

渔场……175

七、中国农业分区

水田农业区……180

长江中下游地区……180
西南区……182
华南区……182

旱地农业区……183

东北区……183
黄淮海区……184
黄土高原区……185

西北灌溉农业区 ······························ 186
甘新区······························ 186
内蒙古及长城沿线区······························ 187
青藏高原农业区 ······························ 188

八、藏在谚语中的农业智慧

一 关于农业的基本问题

什么是农业

大家都说：“我们的中国是一个农业大国。”那么，农业到底是什么呢？

农民伯伯把种子撒到地里，然后精心地照顾这片田地，最后收获，这是农业；渔民伯伯驾驶着渔船，从大海里捞起一网一网的鲜鱼，这也是农业……那

▲农业

么，农业到底是什么呢？

百科全书上说："农业，是人们利用动植物体的生活机能，把自然界的物质和能量转化为人类需要的产品的生产部门。"这句话里包含有几个信息：第一，农业是物质生产部门；第二，农业的主要劳动对象是动植物；第三，农业采取的是人工培养和养殖的办法；第四，农业生产的直接目的是取得产品。

这个概念也许比较枯燥，为了便于理解，我们可以采用例证理解法。大家可以想这样一句话："农民把玉米种子种在地里，收获了很多玉米。"这是一句很通俗的语言，却也道出了农业概念的基本四要素：农民是劳动力；玉米种子指生产资料；土地为自然条件的代表；玉米便是产出的产品。投入的是前三者，产出的是产品。如果将这些要素放大化，便可得出下面的结论：

投入：

自然条件——热量、水、土壤、光照等。

生产资料——动植物（或种子）、农具、化肥、农药等。

科技——培育良种、改进灌溉技术、改革耕作方式等。

知识链接

产出各种各样的农产品（食用、工业生产原料）。

现代农业生产中，生产资料的投入比重逐渐增加。

科技成为现代农业生产中提高农业产出的重要手段，发达国家的新增产值中，60%以上是靠科技投入转化来的；我国从20世纪80年代中期开始，这个比值已占到30%以上。

农业可以分为哪几类

按生产对象分类

如果按照农业生产时面对的对象分类，农业可以分成五类：种植业、畜牧业、林业、渔业、副业。

◆种植业

种植业也叫植物栽培业，它的主要内容是栽培各种农作物以及取得植物性的产品。种植业是农业的主要组成部分之一。在种植业里，人们利用植物的生活机能，通过人工培育来取得粮食、副食品、饲料和工业原料等各种生活的必需品。种植业的产品包括各种农作物、林木、果树，还包括各种药用植物和观赏植物等。这些产品中，有粮食作物、经济作物、蔬菜作物、绿肥作物、饲料作物、牧草、园艺作物等。在中国，种植业的产品通常有粮、棉、油、糖、麻、丝、烟、茶、果、药、杂等。

◆畜牧业

“风吹草低见牛羊”。提到内蒙古，我们就会想起大草原上的畜牧业。那么，什么是畜牧业呢？

畜牧业：人们利用畜、禽等已经被人类驯化的动物，或者

▲畜牧业

鹿、麝、狐、貂、水獭、鹌鹑等野生动物的生理机能，通过人工饲养、繁殖，使其将牧草和饲料等植物里的能源转变为动物能，然后取得肉、蛋、奶、羊毛、山羊绒、皮张、蚕丝和药材等畜产品。畜牧业是人类与自然界进行物质交换的重要环节，也是农业的主要组成部分之一。

种植业和畜牧业是农业生产中的两大支柱部门。

◆林业

大兴安岭林海茫茫，张家界山区云雾缭绕，横断山区老树盘根……在这些地方，林业是农业生产的主要组成部分。

林业：人们利用自己的劳动，在不破坏自然环境的前提下，培育和保护森林，从而取得木材和其他林产品。同时，人们还利用林木的自然特性，使它们发挥防护作用，保护生态平衡。

◆渔业

渔业是一个通过捕捞和养殖鱼类等其他水生动物以及海藻类等水生植物的方式来取得水产品的农业生产部门。一般来说，渔业分为海洋渔业和淡水渔业，前者在大海里进行，后者在内陆的淡水里进行。渔业不仅能够给大家提供食品，还能为各种加工业提供所需的工业原料。

◆副业

种植业、畜牧业、林业和渔业都很好理解。可是，这个“副业”又是什么意思呢？

副业有两种含义：第一种是指传统农业中，农户从事主要农业生产以外的其他生产作业。在多数地区，以种植业为主业，以饲养猪、鸡等畜禽，采集野生植物和从事家庭手工业等为副业。第二种是指在农业内部的部门划分中，把种植业、林业、畜牧业、渔业以外的生产作业均划为副业。也就是说，前四种主要农业生产方式以外的农业生产都是副业。

按投入多少分类

按照生产过程中投入成本的多少，可把农业分为两类。

第一类投入少：粗放农业（靠扩大耕地面积增产）。

第二类投入多：密集农业（靠提高单位面积产量增产）。

◆粗放农业

粗放农业是农业中的一种经营方式，是把一定量的劳动力、生产资料分散投入到较多的土地上，采用粗放简单劳作的经营方式进行生产的农业。对一定面积的土地投入较少的生产资料和劳动力，实行广种薄收的农业，称为“粗放农业”。

◆密集农业

密集农业又称集约农业。如果投入的生产资料或劳动力较多，用提高单位面积产量的方法来增加农业的产出，这样的农业就称为密集农业。现代世界的农业主要是密集型的。随着现代科技的发展，蔬菜、花卉、养猪、养禽等农业出现了技术和资金密集的工厂化生产。按投入要素的不同，密集农业又可分为劳动密集型农业（如亚洲的水稻种植业）和资金密集型农业（如美国的商品谷物农业）。

按产品用途分类

按照生产出来的产品的用途,我们还可以把农业分为“自给农业”和“商品农业”。

◆自给农业

自给农业是在自给自足的自然经济条件下，生产的农畜产品不是直接为满足市场的需要和交换，而是为满足本国或本地区的需要，以自给性生产为主要目的的一种农业。

其特点有：①农业部门或农作物种类较多，专门化程度和生产力水平

▲原始农业工具

较低，往往形成一种“小而全”的农业生产结构；②生产规模小，生产较分散落后或呈孤立状态；③商品量小，商品率低，资金积累困难，扩大再生产受限制，农业专门化、商品化程度低。在商品经济不发达、农业生产力较落后的广大发展中国家的一些地区，特别是深山、边远交通闭塞的地方，长期以自给性农业为主，所生产的农产品一般以达到自给自足或略有剩余的程度，经济发展受到很大影响。

◆商品农业

商品农业是指在商品经济条件下，为满足市场对各类农产品的需求而发展起来的，以商品性农产品生产为目的的农业。

▲传统农业

其特点是：生产经营比较集约化，专业化、社会化水平和商品化程度较高；农产品商品量较大，商品率较高。一般商品经济发达的国家和地区（如西欧、北美各国），商品农业也较发达，农业生产区域专业化程度也较高。

中国自然和社会经济条件复杂：且人口分布很不均衡，约80%在农村；人口众多对粮食需求量大；经济作物、畜牧业、林业、渔业比重较小，且布局分散，产量和商品率都不高；绝大部分地区自给农业占很大比重。当前条件下，我国必须在控制人口增长的同时，贯彻因地制宜、适当集中、合理布局的方针，建立各种农产品生产基地，大力发展商品性农产品生产和农产品加工工业，逐步提高农产品的商品率，由以自给性生产为主逐步转变为以商品性生产为主，充分满足国内外市场的需要。

比较二者的分布范围可得出这样的结论：自给农业主要分布在发展中国家，商品农业分布在发达国家。

按农业发展阶段分类

我们还能按照农业技术发展的不同阶段，把农业分为原始农业、传统农业和现代农业。

◆原始农业

原始农业是在原始的自然条件下，采用简陋的石器、棍棒等生产工具，从事简单农事活动的农业。大体上始于新石器时代，是由采集、狩猎逐步过渡而来的一种近似自然状态的农业，属世界农业发展的最初阶段。

其基本特征是：使用简陋的石制工具，采用粗放的刀耕火种的耕作方法，实行以简单协作为主的集体劳动。

原始农业之前，采集和狩猎是人类获得生活资料的主要方式。随着生

▲现代农业：无土栽培技术

产工具的改进和生产经验的积累，人类逐渐了解了一些动植物的生活习性，并采取措施栽培植物和驯养动物，开始了靠人类劳动来增加天然生产物的时期，从而产生了原始农业。这是人类农业史上第一次重大革命。

中国古代农业中存在的“刀耕火种”和“火耕水耨”均属原始农业的耕作方法；“迁移农业”或“游耕”等也属于原始农业。现非洲的撒哈拉地区和中国西南地区的部分地方仍保留着原始农业的耕作方法，其生产发展缓慢，生产力水平极低。

◆传统农业

传统农业是在自然经济条件下，采用人力、畜力、手工工具、铁器等为主的手工劳动方式，靠世代积累下来的传统经验发展，采用历史上沿袭下来的耕作方法和农业技术，以自给自足的自然经济居主导地位的农业。

其基本特征是：金属农具和木制农具代替了原始的石器农具，铁犁、铁锄、铁耙、耧车、风车、水车、石磨等得到广泛使用；畜力成为生产的主要劳动力；一整套农业技术措施逐步形成，如选育良种、积肥施肥、兴修水利、防治病虫害、改良土壤、改革农具、利用能源、实行轮作制等。

◆现代农业

现代农业是指广泛应用现代科学技术、现代工业提供的生产资料和科学管理方法的社会化农业。在按农业生产力的性质和状况划分的农业发展史上，现代农业是最新发展阶段的农业，主要指第二次世界大战后经济发达国家和地区的农业。

其基本特征是：技术经济性能优良的现代农业机器体系广泛应用，机器作业基本上替代了人、畜力作业；有完整的高质量的农业基础设施，如良好的道路和仓储设备等；在植物学、动物学、遗传学、化学、物理学等学科高度发展的基础上，建立起一整套先进的科学技术，并在农业生产中广泛应用；无机能的投入日益增长；生物工程、材料科学、原子能、激光、遥感技术等最新技术在农业生产中开始运用；农业生产高度社会化、专门化；经济数学方法、电子计算机等在农业经营管理中的运用越来越广。现代农业的产生和发展，大幅度提高了农业劳动生产率、土地生产率和农产品商品率，也使农业生产和农村面貌发生了重大变化。

世界主要农业的地域类型

世界上有很多国家和地区，因为每个地方的气候和环境不同，导致动物和植物在各个地方的分布也完全不同。再加上社会经济条件以及技术条件的差异，各个国家和地区形成了许多具有明显特点的农业地带。

下面就让我们开始一次“世界农业”之旅吧！

◆热带雨林迁移农业

热带雨林气候湿热，高温多雨。原始的迁移农业是这一地区的主要农业类型。

迁移农业是一种古老的、比较原始的农业生产方式。这种耕作方式没有固定的农田，耕地选择在森林和草地茂盛的地区，农民通过砍伐、焚烧，在森林中清理出一片土地，用原始的方法种植农作物。当这片土地土壤的肥力减退，不能再生长植物时，农民就放弃它，去开发另一片土地，所以称为迁移农业。这种农业容易造成水土流失，导致生态失衡。如今，迁移农业主要分布在热带雨林地区的低地、丘陵地区。另外，迁移农业种植的农作物也各不相同。

◆水稻种植业

大家都喜欢吃米饭。那么，为大家供应米饭的水稻是在哪些地方种植的呢？

水稻种植业是潮湿的热带和亚热带地区的一种独特的农业，是一种需要投入大量劳动力的精耕细作的集约农业，主要集中在东亚、东南亚、南亚的季风区以及东南亚的热带雨林区。

亚洲的水稻种植业有以下特点：一是小农经营；二是单位面积产量高，但商品率低；三是机械化水平低；四是水利工程量大；五是科技水平低。

解决措施：加大科技投入，适度扩大种植规模等。

◆种植园农业

世界上有许多地广人稀的地区。在这些地方，人们建立了大型的种植园，种植各种重要的经济作物。

种植园农业是热带地区种植单一经济作物的大规模的密集型商品农业，广泛分布在拉丁美洲、东南亚、南亚以及撒哈拉以南的非洲。

▲种植园农业

种植园农业往往从事的是大规模生产。园内拥有一套完整的生产、生活设施，不少种植园不仅有农业和运输机械，还有园内的道路系统，农产品加工厂，农机具维修厂，供电、供水以及教育、卫生设施。在这些地区有许多特殊的植物资源，如咖啡、可可、茶，香蕉、菠萝、芒果，油棕、剑麻、烟草、棉花和黄麻，它们在世界的经济作物中占有重要地位。但其生产、销售多受发达国家市场和资本的控制，在国际贸易中处于不利地位。

◆商品谷物农业

种植园里提供了大量的经济作物。除了经济作物，世界上还需要更多的粮食作物。因此，大型的、专门的粮食种植区就被开发了出来。这种农业类型被称为“商品谷物农业”。

商品谷物农业是世界上生产商品粮的主要农业类型，是一种面向市场的农业类型。种植的作物以小麦和玉米为主，主要分布在美国、加拿大、阿根廷、澳大利亚、俄罗斯、乌克兰等国家。这些国家的商品谷物农业一般是家庭经营，而我国一般是国营的。

生产特点：生产规模大，机械化程度高；成本高，能耗大。

◆大牧场放牧业

大家知道阿根廷吗？阿根廷足球队被称为“潘帕斯雄鹰”。潘帕斯草原是南美洲最大的草原，潘帕斯草原上的牛群也是世界上最有名的大牧场放牧业的代表。

大牧场放牧业是一种进行大规模商品畜牧业生产的农业地域类型。这

▲潘帕斯草原牧场

种农业往往分布于地广人稀的干旱、半干旱气候区，地表主要为草原植被。主要分布区在美国、澳大利亚、新西兰、阿根廷、南非等国家和地区。

生产特点：商品率高，生产规模大，经济效益好。

解决措施：改善交通运输条件、培育良种、开辟水源、种植饲料等。

◆乳畜业

随着城市的发展和人们健康观念的提升，城乡居民对牛奶的需求越来越大。为大家提供奶制品的农业产业，被称为“乳畜业”。

乳畜业是随着城市的发展而产生的一种面向市场的农业地域类型，其生产对象是奶牛，产品主要是牛奶及其制品，如奶粉、黄油和奶酪等。市场的远近和饲料的供应是影响乳畜业生产的两个重要因素。世界乳畜业主要分布在北美五大湖周围地区、西欧、中欧以及澳大利亚和新西兰等地。我国北京、上海等大城市周围也发展了乳畜业，产品主要是新鲜牛奶。

◆混合农业

混合农业是一种在同一农场中将种植业和畜牧业有机结合在一起的农业生产地域类型。 混合农业的形式多样，但生产形式较稳定、分布较广泛、商品生产也有一定规模，目前只有经济发达国家的谷物和牧畜混合农业。因此通常所说的混合农业指谷物和牧畜混合农业。 主要分布区：欧洲、北美洲、南非、澳大利亚以及新西兰等地。我国珠江三角洲的基塘生产是一种新颖的混合农业。

生产特点：良性的农业生态系统，有效安排生产，市场适应性强，规模大，机械化水平高。

问题及解决措施：合理安排劳动力、修建水利工程等。

◆游牧业

游牧业是指靠放牧牲畜为主的一种自给性农业，是典型的粗放农业。这种生产方式适于难以进行定居农业的气候干旱地区。

◆园艺业

园艺业是为城市提供蔬菜、水果、花卉等的商品性农业。这种农业的兴起和发展，与现代世界城市化的速度加快有关。从事园艺业的农民实行的是密集型、专业化的生产。他们有的只生产蔬菜，有的甚至只生产一种专门用途的产品。这种农业一般分布在大城市的周围，后来随着交通运输和保鲜技术的发展，在远离城市但气候条件适宜的地区，也发展了园艺业。

▲园艺业

农业的耕作制度

什么是农业的耕作制度？从广义来说，农业的耕作制度指的就是农业的熟制和作物的布局。

“农业熟制”（即农作物一年成熟几次）是某个地方农业对光照和热量资源利用的外在表现。作物布局有两层意思：首先指种植什么作物；其次指各种作物如何布局。

目前，中国的耕作制度可归为四大类：南方的稻麦等的多熟制，主要分布于南方14个省、自治区、直辖市；北方的冬小麦、玉米等的两熟制，主要分布于黄淮海地区；东北、西北、内蒙古的玉米、小麦、水稻等的一年一熟制；第四种耕作制度指的是分布于降水在300毫米～500毫米的半干旱地区的一种耕作制度。当地的人们在种植3年～5年后会休闲1年～2年，以达到培肥地力、保蓄水分、维持农业生产持续发展的目的。

耕作制度进行评价的标准是：第一，充分利用水、土、光、热等自然资源，提高光能利用率。第二，用地与养地相结合，充分利用土地，提高土地的产出率；同时土壤结构得到改善，土壤的肥力不断提高。第三，经济效益高，实现农作物大面积的高产、稳产，做到低投入、高产出。第四，作物布局合理，促进农田生态系统的良性循环。

▲广东农民夏收

为什么说农业是国民经济的基础

第一，农业是人类社会的衣食之源，生存之本。

古人曾经说过“民以食为天”，还说过“手中有粮，心中不慌”。一个人只有满足了基本的生存需要——“吃”，才能谈得上其他；一个国家只有有了足够的粮食供应，才能谈得上国家的生存和发展。而这一切都必须由农业直接或间接提供。因此，在一定意义上，我们可以说“农业生产养育了人类自身”。否则，人心不稳，社会不安，国家存在的基础就会动摇。在一个国家里，农业发挥着不可忽视的作用。在中国，农业为我国 13 亿多人口提供着食物和其他基本的消费品。因此说农业是我国最重要的产业，一点也不为过。

第二，农业是工业等其他物质生产部门与一切非物质生产部门存在与发展的必要条件。

农业生产是人类开始生产活动的起点。没有农业提供的必要消费品，劳动力就无法生存，更谈不上发展；没有农业这一基础产业的存在，就不会有工业、商业、服务业、金融业等其他部门。这主要表现在以下四方面：

（一）农业是工业特别是轻工业原料的主要来源。我国工业原材料的 40%、轻工业原料的 70% 来自农业。

（二）农业为工业的发展提供了广阔的市场。农村的富裕，农业机械化水平的提高，农民生活水平的提高，为工业消费品提供了一个巨大的消费品市场。如家用机械类生产资料全部销往农村，汽车、彩电、冰箱、电话等生产资料也大量销往农村。据统计，我国轻工业产品中有 2/3 销往农村。

（三）农业是国家建设资金积累的重要来源。这主要是靠出口农产品创汇。

（四）农业是出口物资的重要来源。虽然在我国工业品出口在对外贸易中的比重逐年上升，但由于我国生产力不很发达，农副产品及其加工品出口仍占重要地位。

第三，农业是支撑整个国家经济不断发展与进步的保障。我们可以这样说："农业兴，各行兴；农民富，国家富；农村安，天下安。"可见农业的重要。但目前我国农业生产仍较落后，已经成为国民经济发展的薄弱环节。如果再不加强，农业将很难支撑国民经济其他部门的发展。

知识链接

农业的特点

农业生产受自然条件的影响非常大。总体而言，农业生产有以下三个特征。

◆地域性

农业生产的对象是动植物，需要热量、光照、水、地形、土壤等自然条件。不同的生物，生长发育要求的自然条件不同。世界各地的自然条件、经济技术条件和国家政策差别很大，因此，农业生产具有明显的地域性。

◆季节性和周期性

动植物的生长有着一定的规律，并且受自然因素的影响很大。自然因素（尤其是气候因素）随季节而变化，并有一定的周期。所以，农业生产的一切活动都与季节有关。

"三农"指什么？

电视和报纸上经常说"三农"和"三农问题"。那么，大家知道"三农"是什么意思吗？

所谓的"三农"，指的是农业、农民和农村；所谓"三农问题"，就是指有关农业、农民和农村的问题。研究三农问题，目的是要解决农业增长、农民增收、农村稳定的问题。中国作为一个农业大国，三农问题关系到国民素质、经济发展，关系到社会稳定、国家富强、民族复兴。

二 农业溯源之旅

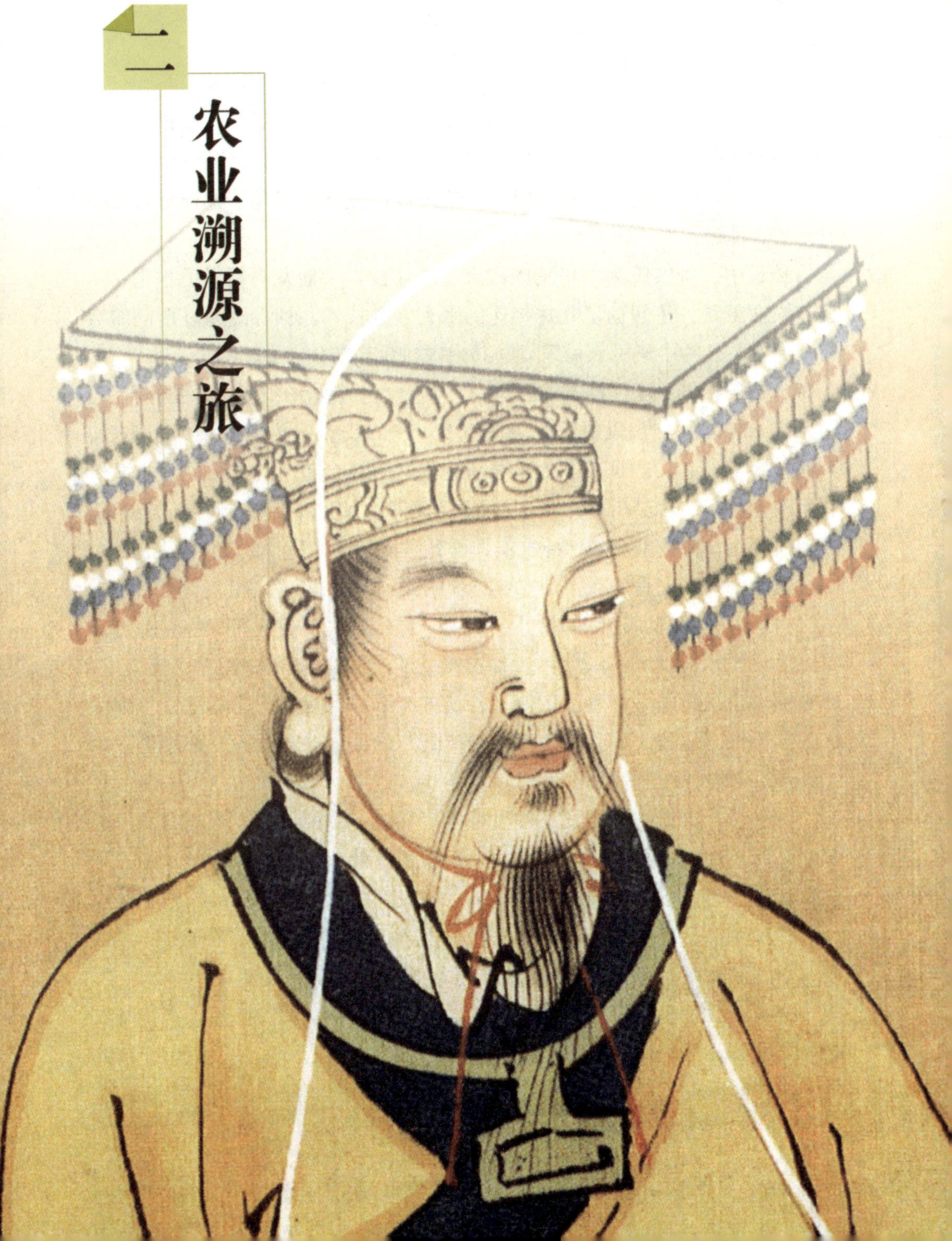

农业鼻祖“神农氏”的传说

伏羲和女娲，被称为中华民族的始祖。他们两人的后代，就是如今的华夏民族。然而，人口增加之后，原始的采集果实和狩猎活动已经无法给部落提供足够的食物了。这时候，中华民族历史上的另外一位神奇人物就产生了，他就是神农氏。

传说中，神农氏为中华民族带来了农业技术：他发明制作了木耒、木耜等农业工具，还开创了九井相连的水利灌溉技术。神农氏通过自己的努力，促使原始的中华民族由采集渔猎向农耕生产转化。

人们还相传，正是神农氏的努力，人们才学会了纺织麻布，制作衣服。原始人本无衣裳，仅以树叶、兽皮遮身，神农氏教人们以麻桑为布帛后，人们才有了衣裳，这是人类由蒙昧社会向文明社会迈出的重大一步。又传说他遍尝百草，发现药材，教会人们医治疾病。此外，他还制定了历法等。因为他发明农耕技术而号称神农氏，这就是人们通常所说的农业鼻祖。

那么，神农氏是怎么推动农业进步的呢？这里有一个神奇的传说。

一天，一只周身通红的鸟儿，衔着一棵五彩九穗谷飞在天空，掠过神农氏的头顶时，九穗谷掉在地上，神农氏见了，便将其拾起来埋在了土壤里，后来那里竟长出了一片谷子。他把谷穗拿在手里揉搓后放在嘴里，感到很好吃。于是，他教人们砍倒树木，割掉野草，用斧头、锄头、耒耜等生产工具开垦土地，种起了谷子。

神农氏从这里得到启发：谷子可年年种植，源源不断，若能有更多的草木选为人用，多多种植，大家的吃饭问题不就解决了吗？那时，五谷和杂草长在一起，草药和百花混在一起，哪些可以吃，哪些不可以吃，谁也分不清。神农氏就一样一样地尝，一样一样地试种，最后从中筛选出稻、黍、稷、麦、菽五谷，所以后人尊他为“五谷爷”“农皇爷”。

神农氏教民种五谷后，并不单单靠天而收，还教人们打井汲水，对农作物进行灌溉。在一高台的四角各有一口井，台中央有一口井，井水会波动。由于这一带历史上多次被黄河水冲击，洪水退后大量泥沙沉积，这些井多数都被埋在地下，后来仅找到一眼。此井泉水清澈、甘甜，每天都有方圆近百里的人到这里取水。人们把这里的水誉为神水，说直接喝可以治病。

▲神农采药图

后人为了纪念神农氏尝百草、种五谷的伟大功绩，在那高台上修建了庙宇。传说神农氏生于农历正月初五，所以每年的正月初五到正月二十便要祭祀，祈求五谷丰登。历代达官贵人、文人学士到这里朝拜的比比皆是。据县志记载，三国时曹植来这里拜谒后，写下著名的《神农赞》：“少典之胤，火德承木。造为耒耜，导民播谷。正为雅琴，以畅风俗。”现在，许多地方还有神农氏的塑像呢。

五谷台神农氏的塑像，肩披树叶，

头生双角，手捧五谷。墙上的壁画记录了他一生的主要功绩：除了开垦荒地、口尝百草、播种五谷、汲水灌溉外，还有日中为市、造陶器、尝药治病等。

◆神农尝百草

上古时候，五谷和杂草长在一起，药物和百花混在一起，哪些可以吃，哪些可以治病，谁也分不清。黎民百姓靠打猎过日子，天上的飞禽越打越少，地下的走兽越打越稀，人们就只好饿肚子。谁要生疮害病，无医无药，只能听天由命。

老百姓的疾苦，神农氏瞧在眼里、疼在心头。怎样给百姓充饥，怎样为百姓治病呢？神农苦思冥想了三天三夜，终于想出了一个办法。

第四天，他带着一批臣民，从家乡随州历山出发，向西北大山走去。他们走呀走，腿走肿了，脚起茧了，还是不停地走，整整走了七七四十九天，终于来到一个地方。只见高山一峰接一峰，峡谷一条连一条，山上长满奇花异草，大老远就闻到了香气。神农氏他们正要继续往前走，突然从峡谷窜出来一群狼虫虎豹，把他们团团围住。神农氏马上让臣民们挥舞神鞭，向野兽们打去。打走一批，又拥上来一批，一直打了七天七夜，才把野兽都赶跑了。那些狼虫虎豹身上被神鞭抽出一条条伤痕，后来这些伤痕就变成了它们皮上的斑纹。

这时，百姓们说这里太险恶，劝神农氏回去。神农氏摇摇头说："不能回！黎民百姓饿了没有吃的，病了没办法医治，我们怎么能回去呢？"说着，他带头走进了峡谷，来到一座茫茫大山脚下。

这山半截插在云彩里，四面是刀切崖，崖上挂着瀑布，长着青苔，没有登天的梯子是上不去的。百姓们又劝他算了吧，还是趁早回去。神农氏摇摇头："不能回！黎民百姓饿了没有吃的，病了没办法医治，我们怎么能回去呢？"他站到一个小石山上，对着高山，上望望，下看看，左瞅瞅，右瞄瞄，想办法。后人把他站的这个小石山叫做"望农亭"。后来，他看见几只金丝猴顺着高悬的古藤和横倒在崖腰的朽木爬了过来。神农氏灵机一动，有了！他当下把臣民们喊来，叫他们砍木杆、割藤条，靠着山崖搭成架子，一天搭一层，从春天搭到夏天，从秋天搭到冬天，不管刮风下雨，还是飞雪结冰，从来不停工。整整搭了一年，搭了三百六十层，才搭到山顶。

传说，后来人们盖楼房用的脚手架，就是学习神农的办法。

神农氏带着百姓，攀登木架，上了山顶。山上真是花草的世界啊！红的、绿的、白的、黄的，各色各样，密密丛丛。神农氏喜欢极了，他叫百姓们防着狼虫虎豹，自己亲自采摘花草，放到嘴里尝。为了在这里尝百草，为老百姓找吃的、找医药，神农氏就叫百姓在山上栽了几排冷杉，当作城墙防野兽，在墙内盖茅屋居住。后来，人们就把神农氏住的地方叫“木城”。

白天，他领着百姓到山上尝百草；晚上，百姓们生起篝火，他便就着火光把白天尝到的结果详细记载下来，如哪些草是苦的，哪些热，哪些凉，哪些能充饥，哪些能医病，都写得清清楚楚。

有一次，他把一棵草放到嘴里一尝，霎时间天旋地转，一头栽倒。百姓们慌忙扶他坐起。他明白自己中了毒，可是已经不会说话了，于是只好用最后一点力气，指着面前一棵红亮亮的灵芝草，又指指自己的嘴巴。百姓慌忙把那红灵芝放到嘴里嚼嚼，喂到他嘴里。神农氏吃了灵芝草，毒气解了，头不昏了，会说话了。从此，人们都说灵芝草能起死回生。百姓们担心他这样尝草太危险了，都劝他还是下山回去。他又摇摇头说:“不能回！黎民百姓饿了没有吃的，病了没办法医治，我们怎么能回去呢？”说罢，他又接着尝百草。

他尝完一山花草，又到另一山去尝。一直尝了七七四十九天，踏遍了这里的山山岭岭。他尝出了五谷，就叫百姓把种子带回去，让黎民百姓种植。他尝出了 365 种草药，写成《神农本草经》，也叫百姓带回去，为天下百姓治病。

神农氏尝完百草，为黎民百姓找到了充饥的五谷、医病的草药，来到回生寨，准备下山回去。他放眼一望，原来搭的木架全都不见了。原来，那些搭架的木杆，落地生根，淋雨吐芽，年深月久，竟然长成了一片茫茫林海。神农氏正在为难，突然天空飞来一群白鹤，把他和护身的几位百姓，接上天去了。从此，回生寨一年四季香气弥漫。

为了纪念神农氏尝百草、造福人间的功绩，老百姓就把这一片茫茫林海取名为“神农架”。把神农氏升天的回生寨，改名为“留香寨”。

黄帝为农业做的贡献

▲黄帝

黄帝同炎帝并称华夏民族的始祖，华夏部落联盟领袖，是我们的祖先。因他首先统一华夏民族的伟绩而被载入史册。

司马迁在《史记》里对黄帝是这样描写的："生而神灵，弱而能言，幼而徇齐，长而敦敏，成而聪明。"也就是说他出生几十天就会说话，少年时思维敏捷，青年时敦厚能干，成年后聪明坚毅。可见，黄帝从一出生就不是一般人物。

15 岁时，黄帝就被群民拥戴当上轩辕部落酋长；37 岁时，他登上了天子的宝座。黄帝一生的重大贡献就在于他历经 53 战，打败了榆罔，降服了炎帝，诛杀了蚩尤，结束了战争，统一了三大部落，告别了野蛮时代，建立起世界上第一个有共主的国家，人类文明从此开始了。他当选为中华民族第一帝，所以后人都尊称轩辕黄帝是"人文初祖""文明之祖"。

知识链接

黄帝，姓公孙，名叫轩辕（周），出生于母系民族社会。相传轩辕黄帝的母亲叫附宝。传说有一天晚上，附宝见一道电光环绕着北斗枢星，随即，那颗枢星就掉落下来，附宝由此感应而孕。怀胎24个月后，附宝生下一个小儿，这小儿就是后来的黄帝。

黄帝让嫘祖传授育桑养蚕之技

相传有一个春天，一位少女在桑园养蚕时，碰到黄帝。黄帝看到她的身上穿着一件金色彩衣，闪着轻柔、温和的黄光。黄帝就问少女身上穿的是什么，少女说了植桑养蚕、抽丝织绸的道理。黄帝听后，想起人们还在过着夏披树叶、冬穿兽皮、一年四季衣不蔽体的生活。他感觉这是一项大的发明，能让人民穿衣御寒。后来，他与这位少女结为夫妻，让她向百官和百姓传授育桑养蚕的技术。这位少女就是黄帝的正妃——嫘祖，当时黄帝也已到了三十而立之年。

▲嫘祖塑像

黄帝让嫫母教会了大家如何抽丝织帛

黄帝封嫘祖为正妃之后，嫘祖就组织一大批女子上山育桑养蚕。没过多久，她们遇到了一个大难题，虽然蚕养了很多，茧也产了不少，但抽丝和织帛却有了困难。就在这时，群女中有一个身材矮小、皮肤黝黑、面部丑陋的女子发明了缠丝的纺轮和织丝的织机。黄帝得知后，对此项发明大加赞赏，让她给众人传授技艺。后来在嫘祖的撮合下，黄帝娶了这位丑女，作为次妃。这位次妃被后人尊称为嫫母。

黄帝开启了中原平原农业文化

黄帝在炎帝山耕农业文化的基础上，开启了中原平原农业的新形式，顺应了人类由山林到平原、由平原至海洋的迁徙规律。

据《史记·五帝本纪》记载，轩辕黄帝的功绩之一就是“艺五种”。“五种”，据郑玄注释，是指“黍、稷、菽、麦、稻”五谷。黄帝在炎帝的基础上种植出了多种粮食作物，进一步发展了农业生产。在舜的时代，终于全面取代山耕农业，从而宣告山耕农业文化的终结。

黄帝非常重视探索平原农业的规律。他对土壤、气候与农业生产的关系给予了高度关注，据载：“黄帝升为天子，地献草木，述耕种之利，因之以广耕种”；（黄帝）“设灵台，立五官以叙五事，命谈区占星，计苞授观；命羲和占日，尚仪占月，车区占风、隶首定数……”正因为如此，他的部落在迁徙到河北大平原及中原地区之后掌握了平原农业的许多优点。相传在他的时代，“岁时熟而亡凶，天地休通，五行期化，故风雨时节，而日月精明，星辰不失其行”。而黄帝理所当然是中原平原农业生产科技的发明者。

黄帝充分认识到，必须挖掘土地的潜力，广耕耘，勤播种，才能使人们丰衣足食，安居乐业。他率领百姓“时播百谷草木”，并“淳化鸟兽昆虫，历离日月星辰；极畋土石金玉，劳心力耳目，节用水火材物”（《大戴礼记·五帝德》引孔子语），创立制度并奠定了与中原平原农业相适应的社会管理制度。

他播百谷草木，大力发展生产，创造文字，始制衣冠，建造舟车，发明指南车，定算数，制音律，创医学，是中华文明的先祖。

黄帝是田亩制的开创者

据史书记载，黄帝在农业生产方面有许多创造发明，其中主要有实行田亩制。黄帝之前，田无边际，耕作无数。黄帝以步丈亩，以防争端，将全国土地重新划分，划成“井”字：中间一块为“公亩”，归政府所有；四周八块为“私田”，由八家合种，收获缴政府；还穿土凿井。

黄帝创造了“分土建国”的制度。据《汉书·地理志》说：“昔在黄帝……方制万里，划壄分州，得百里之国万区。”颜师古注曰：“方制，制为方域也。画，谓为之界也。壄，古野字。”《路史·后纪一》载：“黄帝始分土建国。”《路史·疏仡经·黄帝》说黄帝“命风后方割万里，画野分疆，得小大之国万区”，甚至连耕地也有了划分，据说后来的井田制就是从这时萌芽的。

盘古与水稻的不解之缘

▲盘古

每年农历的六月初六，布依族人居住的村寨，家家户户都要宰牛宰猪、杀鸡包粽子祭祀祖宗。随后，合家欢饮，隆重地欢庆布依族人世代沿袭下来的传统节日。

六月六期间，妇女们背着装满粽子的提篮，怀抱鸡仔，串寨走乡、探亲访友；男人们在寨中聚会，端杯畅饮，开展“议榔”（古代布依族的基层社会组织，由“榔头”主持制定本寨议榔规约）活动；青年男女则丽装艳服，手提箫筒或二胡，口吹木叶，成群结队邀集于旷野或某个布依寨子，举行对歌、赶表、扔花包等活动，以表达内心的喜悦，相互倾吐爱慕之情。

为什么布依人要隆重欢度“六月六”呢？其中一个重要的原因就是哪里有一个动人的、源远流长的美丽传说。

相传布依族的始祖“盘古”发明了水稻的栽培技术，但因孤单一身，日子仍然过得清苦贫寒。一次偶然的机会，盘古认识了海龙王的女儿，他们因为互相爱慕而结为夫妻。婚后，他们恩恩爱爱，男耕女织，日子过得甜蜜美满。一年之后,他们生了一个儿子,取名叫新横。新横从小聪明伶俐，但有一次因年幼不小心冒犯了母亲，母亲气愤而回归龙宫，从此不再回到人世间。盘古没有办法，只好续弦，后来又生一子。

又是一年六月初六，盘古离开人世。新横勤恳劳作，并且学会了父亲栽培水稻的技术，但因生母回归海里、生父逝世归天，终不免遭到继母的百般虐待。继母几次加害，欲置他于死地，企图独吞家产。

面对继母的加害，新横忍无可忍，不得已上天庭控告继母，并发誓要毁掉亲手栽培的全部水稻秧苗，绝继母的生路。继母受到控告并知道新横的想法后，惶恐万分。为了生存，她向新横乞求，表示只要他不毁坏庄稼，她就不再迫害，把他当自已的亲生儿子一样看待。她还保证为了供祭盘古发明水稻栽培技术、永保子孙万代五谷丰登，于每年农历六月初六（盘古逝世日）这天，率领子孙宰猪杀牛、包粽子供奉盘古。鉴于继母的转变，为了使水稻栽培技术传于后世，新横答应了继母的请求。

从此，每年六月初六，当地便举行祭盘古、供祖宗活动，年年如此，世代相传，从未间断。

擅长稼穑的后稷

后稷是古代周族的始祖。传说他的母亲姜原不小心踩到了一个巨人的足迹，然后怀孕，生下了他。后稷善于种植各种粮食作物，曾在尧舜时代当过农官，教民耕种。他被认为是种植稷和麦的第一人。关于他还有许多神奇的传说。

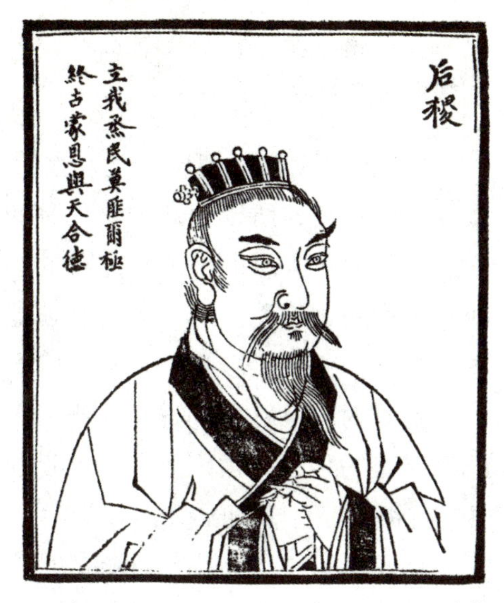

▲后稷

后稷的身世之谜

山西运城市有一个稷山县，这个县的名字和后稷有着密不可分的联系。

有一天，后稷的母亲姜原到外面游玩，在回家的路上，她偶然发现在一片湿地上有一个巨大的脚印。姜原十分诧异，又觉得很好玩，就把自己的脚踏进巨人的足迹里。谁知她刚刚踏进巨人足迹大拇趾的地方，就感到身体里有种震动。回家后不久，姜原就怀孕了。

时间很快过去了，到分娩的时候，姜原生下一个小男孩。因为他是一个没有爸爸的孩子，因此周围的人们都觉得他不吉利，便强行从姜原怀里把男孩抢走，丢弃在田野里，以为这样孩子准会被饿死。令人意想不到的是，过路的动物保护了小男孩，一些雌性动物还给男孩喂奶吃。人们见他不死，又准备把他丢弃在森林里。恰巧这时候有人来砍树，人们没有抛弃成功。最后，恼怒的人们索性把他抛弃在寒冰上，可是人们还没走远，天上的鸟就都飞了下来，用翅膀给男孩挡风寒。

人们终于觉察到，小男孩不是普通人，于是把他抱了回来，还让他的母亲抚育他。因为男孩曾经被多次抛弃过，姜原就给他取了个名字叫“弃”。

后稷稼穑

知识链接

稼穑，即播种和收割庄稼。“后稷稼穑”是说后稷懂得农业，教授老百姓种庄稼的故事。

《史记》说，后稷自幼就有抱负，很喜欢栽麻种豆，并悟出了不少种收耕作的道理，所以他栽的麻、种的豆子都长得很好。后稷长大后，更爱农耕，并懂得土壤的性能和庄稼的习性。立志研究推广农业技术的他，乐于教人们耕田稼穑。后来尧帝听说他的事迹后，还专聘他做农师，指导部落的农艺，所以人们尊称他为“后稷”。

后稷对当时社会的进步作出了很大贡献。他改变了从前人们主要靠狩猎和采集为生，经常因为食物不足而忍饥挨饿的生活状态。他使周代先民脱离了那种逐水草而居的游牧生活，进入了定居耕作的农业时代。

后稷死后安葬在山水环绕的地方。那里有三百里良田，五谷丰登。有仙女弹琴，鸾凤歌舞，百兽和睦相处，草木四季常青，象征着后稷和他领导的先民，用智慧和勤劳创造了人间乐土。

此外，古书《山海经》和《尚书》也有关于后稷稼穑的记载，说后稷从天上拿来百谷的种籽播撒人间，结出丰硕的果实，繁荣了农业。

▲后稷教稼台

我国农业溯源

看过了这些传说中为古代农业作出巨大贡献的人的事迹后，我们再来看看中国古代勤劳智慧的劳动人民在农业领域内取得的辉煌成就吧！

我国是世界上四大文明古国（古埃及，古巴比伦，古印度，还有古代中国）之一，也是世界农业的起源中心之一。在近代农业出现以前，我国农业在世界上一直处于领先地位，对人类文明做出了巨大贡献。

农具的创制

中华民族的历史，从元谋人算起，至少有 170 万年以上了（含 160 多万年的旧石器时代）。当时还没有农业，人们只能靠渔业和采集野果、野菜、植物块根为生。农业的出现是在新石器时代的早期。大约在距今一万年以前，我们的民族跨入了新石器时代，出现了石器农耕工具，从此在采集经济的基础上产生了原始农业。同时，在狩猎经济的基础上产生了原始畜牧业。

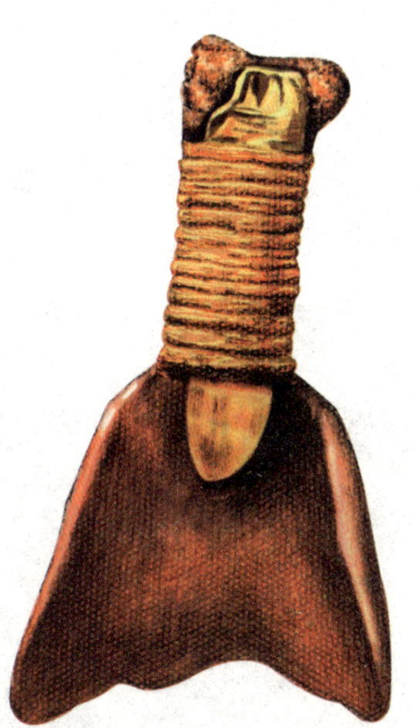

▲河姆渡遗址出土的骨耜农具

农种的栽培

我们的民族是世界上最早培育种植黍稷、水稻、谷子、大豆等粮食作物的民族。陕西西安半坡村和浙江余姚河姆渡等地出土的粮食标本、木耜农具等，说明早在七八千年以前，我们的祖先就在黄河流域栽培谷子、在长江流域种植水稻了。

我们的祖先是世界上最早发明了蚕桑的人群。蚕桑业也是商周奴隶制经济繁荣的主要支柱之一。在这以后，丝绸才逐渐传到欧洲，直至传遍全世界。

农业耕作方法的创新

我国早在汉代就发明了水稻育秧移栽和温室培育蔬菜的技术。其中温室培育蔬菜技术我国在世界上领先了1600多年。

我国劳动人民在汉代就创造了人工培育良种的方法——穗选法。到南北朝时，已形成了一套混合选种法和育种制度，比德国选种家仁博改良黑麦和小麦品种时使用的混合选种法早1300多年。

南北朝时期，我国在世界上首先发明了果树嫁接技术。后来又把嫁接技术推广到桑树繁育、花卉栽培上。从汉代到魏晋南北朝，黄河流域的农业耕作已逐渐形成了以耕、耙、耪、锄为中心，大量施用农家肥料，种植绿肥作物，轮作倒茬，用地与养地相结合的传统农业。在此以后的1200多年，欧洲才出现了绿肥轮作制的农业。今天，当欧美石油农业遇到严重危机的时候，一些欧美人士才认识到中国的有机农业是世界上最惊人的成就之一。

家畜的饲养和阉割技术的发明，我国也比西方早千年左右，直到今天仍然有借鉴价值。

▲汉朝农耕图

农业基础设施的建设

知识链接

我国保存的古文化典籍中，有数以百计的古农学著作，它们是我国古代科学家对劳动人民丰富生产斗争经验的总结。如赵过的《赵氏（农书五篇）》，范胜的《范胜之书》，贾思勰的《齐民要术》，李时珍的《本草纲目》，王祯的《农书》，徐光启的《农政全书》，以及宋应星的《天工开物》，在世界农学史上都有重要地位。是珍贵的农学遗产。达尔文在创立进化论时，也学习、参考、引证了《齐民要术》和《本草纲目》。

几千年来，我们的民族艰苦卓绝地和大自然作斗争，创造了光辉灿烂的古代农业科学技术，给人类留下了一笔宝贵财富。了解我国农业历史，对于总结、研究和继承我国珍贵的农学遗产，因地制宜地吸收国外先进经验，搞好农业现代化，有着十分重要的意义。

我国兴修水利、发展农田灌溉事业历史悠久。春秋战国时就出现了陕西的郑国渠、河北的西门豹渠、四川的都江堰、广西的灵渠等，其中都江堰、灵渠至今还在发挥作用。

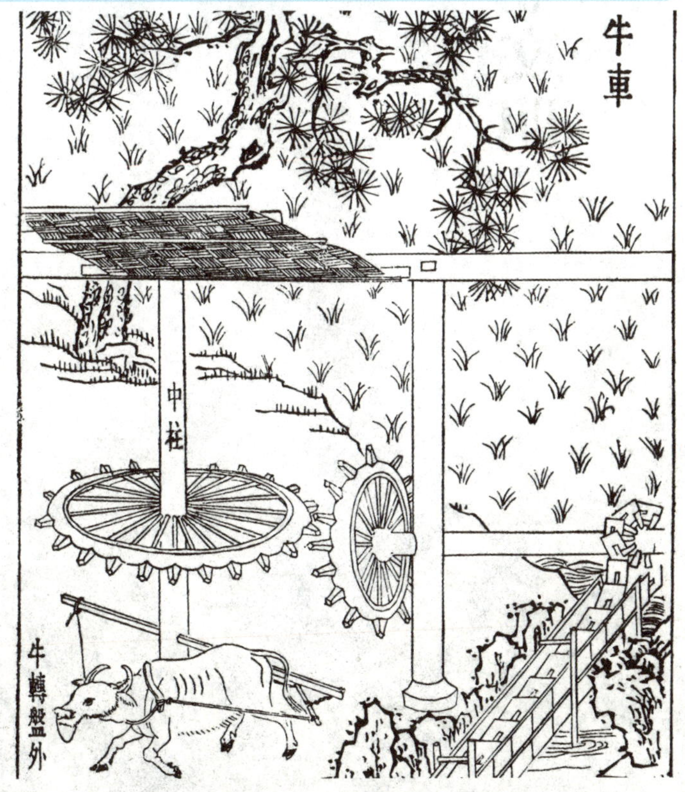

▶《天工开物》牛车灌溉

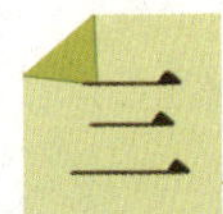

三 硕果累累的农业文明

中国是一个传统的农业大国，也是一个正在发展着的现代农业大国。我国用不到世界7%的耕地，养活着世界20%以上的人口。在这样的现实面前，实现农业现代化，发展农业科技，是中国农业工作者必须完成的任务。袁隆平等一大批科学家用尽了毕生的精力，为中国人能够“吃饱饭，吃好饭”作出了巨大的贡献。

杂交水稻养活了13亿中国人

杂交水稻被西方人称为“东方魔稻”，也被称为“中国魔稻”。它不仅在很大程度上解决了中国人的吃饭问题，还被认为是解决下个世纪世界性饥饿问题的重要途径。国际上甚至把杂交水稻当作中国继四大发明之后的第五大发明。

杂交水稻之父——袁隆平

袁隆平，生于1930年9月7日，中国工程院院士，是中国杂交水稻研究的创始人，也是世界上成功利用水稻杂交优势的第一人。

他先后获得了联合国知识产权组织“杰出发明家”金质奖、联合国教科文组织“科学奖”、英国让克基金会“让克奖”、美国费因斯特基金会“拯救世界饥饿奖”、联合国粮农组织“粮食安全保障奖”、日本“日经亚洲大奖”、作物杂种优势利用“世界先驱科学家奖”、“日本越光国际水稻奖”等八项国际奖。

杂交水稻原理

“杂种优势”指的是通过杂交方式产生的后代具有强大的生命力和特殊的性质，这是生物界里的一种普遍现象。利用杂种优势提高农作物产量和品质，是现代农业科学的主要成就之一。杂交水稻就是选用两个在遗传上有一定差异，同时它们的优良性状又能互补的水稻品种

▲袁隆平

进行杂交，生产具有杂种优势的第一代杂交种。

杂交水稻的出现，经历了一个非常漫长而又艰辛的过程。

饥饿的启迪

1960 年，我国发生了全国性的大饥荒，袁隆平和他的学生们也同样面临着饥饿的威胁。

有一次，他带着 40 多名农校学生，到黔阳县硖州公社秀建大队参加生产劳动。一天，房东老乡冒雨挑着一担稻谷回来。他告诉袁隆平，这是他从另一个村子换来的稻种。

“为什么要换稻种呢？”袁隆平问。

“那里是高坡敞阳田，谷粒饱满，产量高。施肥不如勤换种啊。”老乡说，“去年我们用了从那里换来的稻种，田里的产量提高了，今年就没有吃国家的返销粮了。”

面对饥荒，老乡们不是坐等国家救济，而是主动想办法提高产量，袁隆平很受感动。

他从这件事上得到很大启发：改良品种，提高产量，对于战胜饥饿有重大意义。他暗自下定决心，自己除了要教好课，还一定要在农业科研上作出些成绩来，为老乡们培育出高产量的好种子。

重温经典之“新发现”

在袁隆平杂交水稻成功之前，已有很多人在此领域作了探究。而袁隆平先生在对杂交水稻研究时，很懂得以终为始、科技创新的方法。他在研究的路上，关注着自己研究的同时，时刻不忘从别人那里吸取成功的经验与总结失败的教训。

杂交的基本思想和技术，以及首次成功的实验是由美国人 Henry Beachell 在 1963 年于印度尼西亚完成的，Henry Beachell 也被学术界某些人称为杂交水稻之父，并由此获得 1996 年的世界粮食奖。由于 Henry Beachell 的设想和方案存在着某些缺陷，因此，他的技术无法进行大规模推广。

后来日本人提出用三系选育法来培育杂交水稻，说可以寻找合适的野生的雄性不育株来作为培育杂交水稻的基础。虽然经过多年努力日本人找到了野生的雄性不育株，但是效果不是很好。另外，日本人还提出了一系列水稻育种新方法，比如赶粉等，但是最后由于种种原因都没法完成杂交水稻的产业化。

1960 年，袁隆平从一些学报上获悉，杂交高粱、杂交玉米、无籽西瓜等都已广泛应用于国内外生产中。这使袁隆平认识到：遗传学家孟德尔、摩尔根及其追随者们提出的基因分离、自由组合和连锁互换等规律，对作物育种有着非常重要的意义。于是，袁隆平跳出了无性杂交学说圈，开始进行水稻的有性杂交试验。

◆不忘大自然的启迪

袁隆平先生除了时刻关注国内外最前言的研究外，还注重向大自然学习。

1960 年 7 月，他在早稻常规品种试验田里，发现了一株与众不同的水稻植株。第二年春天，他把这株变异株的种子播撒到试验田里，结果证明了之前发现的那个“鹤立鸡群”的稻株，是地地道道的“天然杂交稻”。他想：既然自然界客观存在着天然杂交稻，那么只要我们能探索其中的规律与奥秘，就一定可以按照我们的要求培育出人工杂交稻来，从而利用其杂种优势，提高水稻的产量。这样，袁隆平从实践和推理中突破了水稻为自花传粉植物而无杂种优势的传统观念的束缚。于是，袁隆平立即把精力转到培育人工杂交水稻这一崭新的课题上来。

◆信“中”觅踪，科学信念在培植杂交水稻中的渗透

信“中”觅踪，指在研究者的心目中有一个信念，即研究对象的结构或运动一定有某种规律存在，于是他们便持之以恒地寻找下去。

当袁隆平在大自然的启迪下树立坚定的信念后，他就开始了执著的实践之旅。

在 1964 年到 1965 年两年的水稻开花季节里，他和助手们每天头顶烈日，脚踩淤泥，低头弯腰，最近终于在稻田里找到了 6 株天然雄性不育的植株。经过两个春秋的观察试验，他对水稻雄性不育材料有了较丰富的认

识。他根据所积累的科学数据，撰写了论文《水稻的雄性不孕性》，发表在《科学通报》上。这是国内第一篇论述水稻雄性不育性的论文，其中不仅详尽叙述了水稻雄性不育株的特点，并将当时发现的材料区分为无花粉、花粉败育和部分雄性不育三种类型。从 1964 年发现天然雄性不育株算起，袁隆平和助手们整整花了 6 年时间，先后用 1000 多个品种，做了 3000 多个杂交组合，仍然没有培育出不育株率和不育度都达到 100% 的不育系来。

袁隆平总结了 6 年的经验教训，并根据自己观察到的不育现象，认识到必须跳出栽培稻的小圈子，重新选用亲本材料，提出利用远缘的野生稻与栽培稻杂交的新设想。在这一思想的指导下，袁隆平带领助手李必湖于 1970 年 11 月 23 日在海南岛的普通野生稻群落中，发现了一株雄花败育株（命名“野败”），并用广场矮、京引 66 等品种测交，发现其对野败不育株有保持能力，这就为培育水稻不育系和随后的“三系”配套打开了突破口，

▲袁隆平在超级稻试验田中

给杂交水稻的研究带来了新的转机。

是将“野败”这一珍贵材料封闭起来，自己关起门来研究，还是发动更多的科技人员协作攻关呢？在这个重大的原则问题上，袁隆平毫不含糊、毫无保留地及时向全国育种专家和技术人员通报了他们的最新发现，并慷慨地把历尽艰辛才发现的“野败”奉献出来，分送给有关单位进行研究，协作攻克“三系”配套关。

◆国家强有力的支持是杂交水稻培植成功的坚强后盾

一项重大的科技发明，单靠一个人的力量是远远不够的，需要多方面的支持与帮助。杂交水稻的培植成功离不开国家强有力的支持。

1972 年，农业部把杂交稻列为全国重点科研项目，并组成了全国范围的攻关协作网。1973 年，广大科技人员在突破“不育系”和“保持系”的基础上，选用 1000 多个品种进行测交筛选，找到了 1000 多个具有恢复能力的品种。张先程、袁隆平等率先找到了一批以 IR24 为代表的优势强、花粉量大、恢复度在 90%以上的“恢复系”。

1973 年 10 月，袁隆平发表了题为《利用野败选育三系的进展》的论文，正式宣告我国籼型杂交水稻“三系”配套成功。这是我国水稻育种的一个重大突破。紧接着，他和同事们又相继攻克了杂种“优势关”和“制种关”，为水稻杂种优势的利用铺平了道路。

1995 年 8 月，袁隆平郑重宣布：我国历经 9 年的两系法杂交水稻研究已取得突破性进展，可以在生产上大面积推广。正如袁隆平在育种战略上所设想的，两系法杂交水稻确实表现出更好的增产效果，普遍比同期的三系杂交稻每公顷增产 750 千克～1500 千克，且米质有了较大的提高。至今，在生产示范中，全国已累计种植两系杂交水稻 1800 余万亩。目前，国家“863”计划已将培矮系列组合作为两系法杂交水稻先锋组合，加大力度在全国推广。

1998 年 8 月，袁隆平又向新的制高点发起冲击。他向当时的朱总理提出选育超级杂交水稻的研究课题。朱总理闻讯后非常高兴，当即拨款 1000 万元予以支持。袁隆平为此深受鼓舞。经过近一年的艰苦努力，超级杂交水稻在小面积试种获得成功，亩产达到 800 千克，并在西南农业大学等地引种成功。目前，超级杂交水稻正走向大面积试种推广中。

沙漠中的绿色岛屿——绿洲农业

老天爷正在下雨，雨滴却落不在人身上。大家知道这种神奇的场景发生在什么地方吗?

这片神奇的地方就是美丽的新疆吐鲁番。出现这种奇景的原因是由于雨量过小，蒸发量过大，雨滴还没有落地就被蒸发成水蒸汽跑回空气中了。吐鲁番四周环山，地形低洼闭塞，由北方南下夹带水汽的冷空气，在翻越高山进入盆地后很难形成降水，因而吐鲁番地区年平均降水量只有10毫米~50毫米，而整个吐鲁番地区年蒸发能力高达3000毫米以上，空气相对湿度常年只有30%~40%，是一个极度干旱的地区。

如此干旱的地方，在人们的想象中一定是一片寸草不生的荒凉之地。然而，来到这里的人们却都会被一片片绿油油的农田所震惊。大家知道这种更加神奇的景观是如何出现的吗?

▲吐鲁番成片的葡萄架

什么是绿洲农业

这种神奇的景观，就是有名的“绿洲农业”。那么，绿洲农业又是什么呢？

绿洲农业又称绿洲灌溉农业和沃洲农业。它指的是干旱荒漠地区有水源灌溉处的农业。

知识链接

沙漠绿洲大都出现在背靠高山的地方。每当夏季来临，高山上的冰雪消融，雪水汇成了河流，流入沙漠的低谷，就形成了地下水。地下水在流到沙漠的低洼地带时就会涌出地面，形成湖泊。由于地下水滋润了沙漠，植物开始慢慢生长繁衍，就形成了沙漠中的绿洲。

出现绿洲的地方就能发展绿洲农业。我们知道陆地水按空间分布，可以分为地表水和地下水，在沙漠中，只要有二者其中的一种，便会有绿洲出现。所以，绿洲农业一般分布于干旱荒漠地区的河、湖沿岸，以及山麓地带与冲积扇地下水出露的地方（称为老绿洲农业）。随着生产力的发展，人们在干旱荒漠地区通过兴修水利也可以开垦出一些农地，形成一块块新绿洲。这些绿洲多呈岛状、带状或串珠状分布。在我国，西北干旱地区的绿洲分布就很广泛。

世界绿洲农业主要分布于西亚、美国的中西部地区、前苏联的中亚地区、非洲的撒哈拉及北非地区。我国以新疆和甘肃河西走廊等地区的昆仑山、天山、祁连山山麓最为普遍。经过长期的经营开发，绿洲中主要种植小麦、玉米、棉花、瓜果和少量的水稻，并植树造林和建设农村聚落，形成与周围的戈壁、沙漠截然不同的景观，犹如沙漠中的绿色岛屿。绿洲也是干旱荒漠地区农牧业经济较发达和人口集中的地方。

绿洲农业用水何处来

◆地表水的利用

在沙漠地区，当夏季冰雪融化，便形成了大大小小的内流河，这些内

▲绿洲农业

流河便是绿洲农业用水的一个重要来源。

在新疆，三大山脉的积雪和冰川孕育、汇集成了 500 多条河流。这些河流分布于天山南北的盆地，其中较大的有塔里木河（我国最大的内流河）、伊犁河、额尔齐斯河、玛纳斯河、乌伦古河、开都河等 20 多条。这些河流的两岸，分布着一块块美丽的绿洲。

湖泊也是绿洲农业用水的一个重要来源。新疆有许多自然景观优美的湖泊，总面积达 9700 平方千米，占全疆总面积的 0.6% 以上。湖泊周围的草原是人们安居乐业的地方。

◆地下水的利用

高山上的冰雪到了夏天就会融化，雪水顺着山坡流淌形成河流。河水流经沙漠，便渗入沙子里变成地下水。这地下水沿着不透水的岩层流至沙漠低洼地带后，即涌出地面。另外，远处的雨水渗入地下，也可与地下水汇合流到沙漠的低洼地带。或者由于地壳变动，造成不透水的岩层断裂，此时地下水便沿着裂缝流至低洼的沙漠地带冲出地面。这低洼地带有了水，各种生物就应运而生，它们发育、繁衍，于是形成了绿洲。

沙漠中的水利工程

◆沙漠生命之源——坎儿井

居住在沙漠和干旱地区的人们，用水非常不方便。为了取水和储藏水，人们发明了许多有用的东西，坎儿井就是其中的代表之一。

坎儿井是我国各族劳动人民在长期生活中，为适应干旱地区的自然环境而造的一种地下水利工程。

坎儿井的主要作用是引出地下河水，使沙漠变成绿洲。它与万里长城、京杭大运河并称为中国古代三大工程。

古人把坎儿井称为“井渠”。新疆的坎儿井主要分布在吐鲁番盆地、哈密和禾垒地区，尤以吐鲁番地区最多，总数达 1100 多条，全长 5000 千米，有人称之为“地下运河”。

“坎儿”就是井穴的意思，是当地人民吸收内地的“井渠法”创造的。它是把盆地丰富的地下潜流水，通过人工开凿的地下渠道，引上地面灌溉、使用。

▲坎儿井

坎儿井之所以能在吐鲁番盆地北部的博格达山和西部的克拉乌成山利用，是因为每当夏季来临，就有大量融化的雪水和雨水流向盆地，当水流出山口后，很快渗入戈壁地下变为潜流，积聚日久，戈壁下面的含水层加厚，水储量增大，便为坎儿井提供了丰富的水源。吐鲁番大漠下面深处，砂砾石由黏土或钙质胶结，质地坚实，因此坎儿井挖好后不易坍塌。吐鲁番干旱酷热，水分蒸发量大，风季时尘沙漫天，往往风过沙停，水渠常被黄沙淹没。而坎儿井是由地下暗渠输水，不受季节、风沙影响，水分蒸发量小，流量稳定，可以常年自流灌溉。所以，坎儿井非常适合当地的自然条件。

知识链接

坎儿井是一种结构巧妙的特殊灌溉系统。它由竖井、暗渠、明渠和涝坝（一种小型蓄水池）四部分组成。竖井的深度和井与井之间的距离，一般都是愈向上游竖井愈深，间距愈长，约有30米~70米；愈往下游竖井愈浅，间距愈短，约有10~20米。竖井是为了通风和挖掘、修理坎儿井时提土用的。暗渠的出水口和地面的明渠连接，可以把几十米深处的地下水引到地面上来。

坎儿井的清泉滋润着吐鲁番大地，使火洲戈壁变成绿洲粮田，生产出驰名中外的葡萄、瓜果和粮食、棉花、油料等。现在，尽管吐鲁番已新修了大渠、水库，但是，坎儿井在现代化建设中仍发挥着生命之泉的特殊作用。

◆机井

机井是利用动力机械驱动水泵提水的水井，也是荒漠地区的人们利用地下水的一种方式。

在古代，人们从水井中提取地下水的办法，是用桶由人力提升到地面，孔颖达疏中称："古者穿地取水，以瓶引汲，谓之为井。"这种办法现在很多地方依然在使用。这种办法的缺点是，由于井口裸露，水质容易受污染，提水效率较低，同时，井深有限。

随着科技的发展，人们发明了利用水泵的机井，可以汲取更深的地下水、更好地保护水质，并与社区供水系统相连，成为现代的以地下水为水源的自来水供水系统。在新疆的绿洲农业分布区，也常可看见它的身姿。

◆滴灌

面对宝贵的水资源，人们不仅发明了取水的办法，也发明了节约用水的办法。滴灌系统就是干旱地区节约用水工程的代表。

滴灌是利用专门设备（滴头）用压力将水流变成细小的水滴，缓慢滴到作物根部土壤中的一种灌溉方法。它是目前干旱缺水地区最有效的一种节水灌溉方式。滴灌较喷灌具有更高的节水、增产效果。

▲节水滴灌系统

丰硕的绿洲农产品

◆五谷飘香，瓜果梨甜

西北地区现有的耕地中，约有 40% 分布于绿洲中。这些绿洲耕地中，新疆占了 3/4，甘肃河西地区和宁夏一共占了 1/4。这些耕地已成为我国粮食、棉花、油料和糖料等作物的重要生产基地。

绿洲粮食作物主要有小麦、玉米和水稻等。冬小麦主要分布于塔里木盆地西部和北部、准噶尔盆地南部、伊犁谷地、甘肃渭河流域、西秦岭、宁夏南部。春小麦主要分布于准噶尔、河西走廊、甘肃中部和宁夏平原。水稻在干旱区分布于河流沿岸的绿洲，在湿润半湿润区则分布于山间盆地和谷地。

▲吐鲁番的葡萄

棉花广泛分布于西北大部分绿洲，以新疆喀纳斯河流域、吐鲁番盆地、喀什三角洲及塔里木盆地南北缘绿洲为主。这一地区的棉花产量约占全国棉花产量的1/3，并以质量优良著称。甘肃、宁夏棉花产量很少，但敦煌近年引种彩色棉成功，这为未来的棉花生产开辟了一条新路。

糖料作物以甜菜为主，近半个世纪以来发展非常迅速，主要分布区为沙湾、石河子、呼图壁一带，此外还有伊犁谷地、塔城盆地、焉耆盆地、河西走廊及宁夏平原，年产量达520.1万吨，约占全国糖料作物产量的6.2%。

由于光照充足和日温差大，西北区还盛产甜而多汁的优质瓜果。其中许多品种在国内外享有盛誉，如吐鲁番无核白葡萄、伊犁苹果、库尔勒香梨、库车白杏、哈密甜瓜、阿图什无花果、喀什和叶城的巴旦杏、敦煌李广杏和鸣山大枣、民乐苹果梨、民勤黄河蜜瓜等。

啤酒花在西北大规模种植的历史虽然只有40年，但目前种植面积和产量均占全国80%～90%，绝大部分产于新疆，河西走廊也少量生产。枸杞也是西北区的一大特色产品，主要产于宁卫平原和银川平原。

现代农业的典范——生态农业

有一种农业，可以说是现代技术条件下的农业典范，这就是生态农业。你对生态农业了解多少呢？

生态农业面面观

知识链接

生态农业就是用生态学的原理指导和发展起来的农业。

◆什么是生态农业的基本任务？

生态农业的基本任务是把自然界的物质（包括能量）最有效的转化为人类能利用的农产品，充分提高太阳能向生物能转化、无机物向有机物转化的速率，充分提高生物能的利用率（初级生产力）以及农业有机废弃物的再循环利用的次级。同时，还要维持农业自然环境的生态平衡，使农业自然资源永续利用。

◆生态农业的生态学原理是什么？

生态农业要求人们在农业生产中必须遵循生态学原理。所谓的生态学原理就是生态适应原理、生态系统原理和生态平衡原理。这是生态农业的基础。

生态农业实践模式大展馆

我国地域辽阔，各地区之间地形地貌、经济社会条件和农业资源差异很大，因此，因地制宜地选用适宜的生态农业模式就显得十分重要。目前，我国生态农业模式在广大农民群众实践探索中积累了丰富的经验，且种类繁多，现主要介绍以下八种。

▲立体生态农业

◆生物物种共生模式

这种模式是按照生态经济学原理，把两种或两种以上相互促进的物种组合在一个系统内，使生物种群之间存在互惠互利关系，从而加强物质内循环作用，达到共同增产、改善生态环境、实现良性循环的目的。

我国南方的“桑基鱼塘”是这种模式的成功典范。

◆农田合理间作、套种的结构优化模式

这种模式利用的是生态学上的种群演替原理。在自然生态系统或生物群落中，某一生物群落总是不断地造成对其自身不利的生存环境，而最终被另一生物群落所代替。这种由一种群落被另一种群落所代替的现象叫演替。这一规律在农业上也不例外。

例如，如果一块土地上每年都种植同样的作物，这块土地在几年之后就会出现土壤元素失调的情况，变得不再适合种植这种作物。同时，还会出现病虫害及田间杂草增多等情况。这种情况出现之后，就需要在这块土地上种植其他作物，进行轮作，最终实现土壤营养的平衡。我国的轮作间套制是农田人工演替的一种常规途径。常见的方式有麦棉套、瓜棉套、豆稻轮作、棉麦绿肥间套作、棉油间作、水旱轮作等。

生态农业要求不仅是一般性轮作，而且要通过多熟间套耕作，从而对自然资源更加充分、持续地利用且能保持地力。对旱作农业而言，这种多熟制的时间结构更具有增产意义，一般都与降水资源在年度变化节律上相吻合，使天然降水利用率提高。合理的轮作、间作和套种是我国传统农业的精华之一，各地的自然条件不同，形式各异。

◆用养结合的集约型规模经营模式

这种模式可以充分发挥生态系统中人的作用和功能，通过人类对系统的合理干预，改善生态系统的环境条件和生产条件，以求最大限度地提高太阳能利用率和土地生产率，以解决我国人口日益增长、耕地不断减少、地力日趋衰竭和粮食产量停滞不前的严峻局面。

▲农林间作

这一模式的核心内容是“用养结合、集约农作、规模经营、高效增收、保护资源、持续发展”。

◆种养配套互补的循环模式

这一模式运用了生态学的边

▲农田套种

缘效应原理，将两个或两个以上的子系统有机地联系起来，使某个子系统的部分输出成为另一子系统的有效输入，取长补短，配套互补，从而发挥系统的整体效益。

江南水网平原上的桑基鱼塘便是该模式的发展雏形。所谓的桑基鱼塘，就是当地农民通过长期生产实践，把低洼地挖深为塘，塘泥覆于四周，塘内养鱼，基上种桑，把桑、蚕、鱼有机地联系起来，桑叶喂蚕、蚕沙养鱼、鱼粪肥塘、塘泥肥基、基肥促桑，形成了高效益、良性循环的可持续发展模式。

近年来，随着市场经济的发展，现代科学技术的进步，尤其是生态农

▲桑基鱼塘

业理论体系的形成和完善，桑基鱼塘模式在结构上、组分上、规模上、效益上都有了很大的提高和改善。

◆农林间作或混林农业模式

大家可能见过这样一种农业模式：果粮间作、林草间作、枣粮间作、桐粮间作、林药间作。这便是农林间作或混林农业模式。

该模式主要运用了生态学上的地域性原理和生态位原理，也就是在大地域上依据水、温、土、地貌等条件确定适宜树种及其密度，而在具体小地块上则按种群生态与生态位原理加以合理配置，使林粮之间相居而安，互不矛盾，协调发展。

◆生物能多层次再生利用模式

这种模式利用的是生态学的食物链原理及物质循环再生原理。该模式通过人工安排，实现了自然生态系统中生产者、消费者与还原者之间的平衡。

以沼气为纽带的“鸡—猪—沼—鱼—粮”模式就是这一模式中典型的成功案例，这种模式不仅有利于减少农村的环境污染，还可以给农村提供生活所需的能源，提高资源利用率，最终形成低投入、高收效的农业体系。

◆小流域综合治理的立体农业模式

“山顶松柏戴帽，山间果竹缠腰，山下水稻鱼跃，田埂种桑放哨”“山顶种树种草，山腰种茶种药，山下养鱼放牧”“松槐帽，干果腰，水果脚”……这些经验口诀，描述的就是农民眼中的小流域综合治理的立体农业模式。

这种模式在江南丘陵山地小流域开发中具有很大的潜力。它利用生态系统中环境组分的差异和不同生物种群自身的特点，结合小流域综合治理，在空间的立体结构上进行合理布局，发挥小流域的整合效应，从而使生态效益、经济效益和社会效益得到有机统一。

◆沿海滩涂和荡滩资源开发利用模式

这种模式是一种利用水陆过渡带的湿地生态系统的环境特点建立起来的生态农业模式。沿海滩涂和水网平原地区的荡滩是重要的国土资源，也是我国重要的土地后备资源。近年来，生活在这些地方的人们在开展生态农业建设的过程中创造了不少好的模式。例如，“苇—萍—肉—禽湿”地生态系统，“林—牧—猪—鱼—沼”生态模式等。

生态农业的来龙去脉——大势所趋，潮流所向

◆全球面临严峻的生态环境问题

农业产业从古到今，已经经历了约一万年的历史。如同一个人的一生分为童年、青年、壮年、老年一样，农业也大致经历了三个阶段：刀耕火种的原始农业；以人力、畜力为主要劳动力和以有机肥为主要肥料来源的传统农业；以机械化、水利化、化学化和电气化为标志的现代石油农业（能源农业）。

纵观农业发展的历程，可以看出：无论是哪种农业模式，都是人类不断征服自然、改造自然、向自然索取的方式，都是围绕着如何生产更多的粮食而运转的方式。出现这种情况的原因是：长期以来，农业生产的根本目的就是要生产出足够的粮食及其他农副产品，以满足人类不断增加的物质需要，这是关系到人类吃饭穿衣的大问题。而在历史上，经过了人类世

▲洪涝灾害

世代代的努力，农业产业也不负众望，取得了一个又一个辉煌的成就。在这一过程中，人类改造自然的能力提高了，可向自然索取的更多了；人们不仅有粮了，而且有钱了；劳动生产率提高了，农民可以开着机器赚钱了。似乎一切都在人类的掌握之中。

然而，随着石油农业的发展，以石油为原料的化肥、农药的大量使用，加上耕作、灌溉、加工、运输等都需要石油，能源危机日益加剧。同时，也加剧了自然生态的破坏，造成了土地裸露，风蚀加剧，地貌、土壤严重恶化，大自然的惩罚也接踵而至。人们所掌握的自然环境，正在逐渐失控。

在能源危机、物价上涨、环境污染、生态平衡破坏和失业人口增加的压力下，无论是发达国家还是发展中国家，都不得不重新考虑他们的行为：即如何充分合理地利用自然资源，稳定、持续地发展农业，同时又能保护环境和农村生态平衡。实践证明，传统的有机农业解决不了这一问题。而石油农业又会使问题变得更加严重。那么，什么是农业发展的正确道路呢？

中国正处在传统农业向现代农业转型的过程中，我们面临的农业环境问题又有哪些呢？

◆我国的生态环境问题亦日益严重

1. 水土流失和土地荒漠化现象严重

我国是世界上水土流失最严重的国家之一，主要表现在：①分布范围广，面积大。据我国第二次遥感调查，我国水土流失面积约 356 万平方千米，其中水蚀面积 165 万平方千米，风蚀面积 191 万平方千米。②土壤流失严重。据统计，我国每年流失的土壤总量达 50 亿吨。③严重的水土流失导致耕地减少，土地退化，加剧了洪涝灾害，恶化了生态环境，给我国的农业生产带来严重危害。

统计资料显示，近几年来，我国因水土流失毁掉的耕地达 4000 多万亩，平均每年达 100 万亩；因水土流失造成退化、沙化、碱化的草地达 1000 万平方千米，占我国草地总面积的 50%。

2. 森林资源破坏严重，草原退化

根据第五次全国森林资源调查结果（1994 年 ~1998 年），全国森林面积为 15894 万公顷，森林覆盖率为 16.55 %，人均占有率世界排名 100 位之后。第四次森林资源清查期间，出现年均森林赤字5400多万立方米的现象，由于乱砍滥伐每年毁林达151万公顷。1998年以来这种毁林势头虽然得到控制，但森林资源赤字欠账太多，森林资源遭到严重破坏，难以在短期内得到恢复。全国近年来频繁发生的大范围洪涝灾害、水土流失、荒漠化等都与森林赤字有关。

3. 水资源短缺，环境污染严重

我国是一个水资源贫乏的国家，我国人均水资源占有量只占世界人均水平的1/4，排名第100位之后，是世界上13个贫水国之一。而全国80%的河流和45%的地下水资源都被污染而影响使用。

上世纪80年代，我国受酸雨污染的农田面积约4000万亩；到了90年代，仅南方7省就造成农田减少1.5亿亩，而酸雨给广东、广西、四川、贵州4省区带来的年经济损失达160亿元。2000年的统计表明，我国酸雨区范围和频率保持稳定，酸雨区面积约占国土面积的30%。

4. 自然灾害频繁

由于人口增长速度过快，林、人争地和林、粮争地的矛盾一直没有得到解决，围海造田、围湖造房的现象长期存在。森林、草地的减少，其直接的后果就是涵养水源的功能大大削弱，一旦大雨来临，裸地很难吸纳水量，大量流水直下江河，造成江河水位暴涨。另外，森林、草地可以覆被土地，保护土壤不被雨水冲刷，而在森林大量减少之后，水土沿江河流下，在水势趋缓之处淤积，垫高河床，缩小湖面。湖泊的消失，不仅使淡水生物的活动空间减少，而且使湖泊的调蓄能力大幅度减弱，增加了洪水灾患发生的频率。

◆生态农业是我国新时代农业发展的必由之路

在严峻的环境现实之下，生态农业可以说是我国农业产业的最佳之选。

生态农业是在良好的生态条件下所从事的“三高农业”（高产量、高质量、高效益）。它不单纯着眼于当年产量、当年经济效益，而是追求三个效益（即经济效益、社会效益、生态效益）的高度统一，使整个农业生产步入可持续发展的良性循环轨道。把人类梦想的“青山、绿水、蓝天、生产出来的都是绿色食品”变为现实。生态农业是人类长期追求的一种最为理想的农业。

◆我国生态农业的现状

生态农业在我国已有近 20 年的发展，目前已涌现出大批不同类型、不同层次的生态农业典例。比较成功的例子有北京市大兴县留民营的生态农业村、广东省珠江三角洲的桑基鱼塘水陆生态系统、安徽省阜阳地区的多种生态农业群等。这些成功的例子里面既有适合不同区域条件的农业生态类型，又有适合不同技术层次、经济水平及文化背景的生态农业模式。

▲草原退化

生长在天梯上的庄稼——梯田农业

梯田农业知多少

◆梯田名称由来

梯田就是在坡地上沿等高线修建成的台阶形的田地。梯田的边缘一般用土或石块垒成梯级状的田埂，用来防止水土流失。梯田一般修建在山区或者丘陵的坡地上。呈现在我们眼前的梯田，会呈现出高低不等、形状不规则的半月形田块，它们上下相接，就像一层层的阶梯。梯田里可以种植水稻或者各种旱地作物，这主要取决于是否有充足的水源进行灌溉。

▲坡式梯田

◆梯田的分类

大家知道梯田可以分成多少种类吗？

1. 按照梯田的断面形式，可以划分为水平梯田、坡式梯田和隔坡式梯田。

水平梯田指得是沿着等高线把田面修成水平状的阶梯农田，这是最常见的一种梯田，也是保水、保土、增产效果较好的一种梯田形式。

坡式梯田指得是修建在山丘地区的一种梯田。这种梯田修建在坡地上，地埂呈阶梯状，田地表面则是一个斜坡。这类梯田是由山坡上的耕地改造而成的。在条件许可的时候，坡式梯田也可以改造成水平梯田。

▲石坎梯田

隔坡试梯田是根据地形修建成的一种梯田。这种梯田的上一阶田地与下一阶田地之间保留一定宽度的山坡。在一些地形比较陡峭的地方，往往会见到这种梯田。

2. 按田埂的建筑材料，可以把梯田划分为土坎梯田和石坎梯田。顾名思义，前者的田埂用土堆积而成，后者的田埂则用石块垒成。

3. 以种植的作物划分，梯田可以分为水稻梯田、旱作梯田、果园梯田、茶园梯田、橡胶梯田以及其他经济树种和用材林梯田等。

4. 根据修建梯田的技术划分，梯田可以分为人工梯田和机械梯田。

◆梯田的发展历史

开山造田在中国有着悠久的历史。我国最早的梯田可以追溯到云南白族聚居的洱海地区史前遗址，《诗・小雅・正月》（成书于公元前 6 世纪中叶春秋时期）里，有“瞻彼阪田”这样的诗句。“阪田”是最早关于梯田的记载。从唐朝开始，随人口密度的逐渐增加，梯田建设也逐渐兴盛起来。

◆梯田的分布

在中国，梯田主要分布在江南山岭地区和西北的黄土高原地区，其中广西和云南的梯田分布十分广泛。这些地方雨水充足，地形多山，人们就依山建造了许多梯田进行耕种。梯田是农民长期的劳动成果，是人们智慧的结晶。

◆梯田的价值

梯田的分布如此广泛，那么它们又有什么重要价值呢?

首先，梯田具有很高的生态价值，有助于保护水土，实现人与自然的和谐相处。

其次，梯田可以提供各种产品，为人们的生存和繁衍作出贡献。

再次，梯田是一种重要的农业景观和农业文化遗产。山区人民在长期耕作梯田的过程中形成了具有地方特色的乡土景观和乡土文化，尤其是西南地区的梯田，已经变成了当地的一大文化景观。当地的人们在长年累月的梯田建设与管理中，形成了特有的水资源管理机制、宗教祭祀仪式等，这些生活方式都具有深厚的文化内涵。

中国梯田魅力之旅（一）——走进元阳梯田

◆中国最美的山岭雕刻——元阳梯田

梯田是勤劳的人们在大自然身上雕刻的一幅幅立体图画。这些图画到底有多美呢？就让我们循着梯田的踪迹，一路去欣赏吧！

我们的第一站，叫做“元阳梯田”。

▲油菜花梯田

元阳梯田位于云南省元阳县的哀牢山南部，是当地哈尼族人世世代代留下的杰作，因此也被称为“哈尼梯田”。来过这里的人都说，这里是“中国最美的山岭雕刻”。

元阳哈尼族开垦的梯田随着山势和地形的变化而变化。坡度小的地方就开垦一些大块梯田，坡陡的地方就开垦一些小块梯田，在一些沟边坎下的岩石缝隙中也会开发出梯田。这里的梯田大的有好几亩，小的仅有簸箕大，往往在一块坡地上就有成千上万块田地。远远看上去，规模庞大，气势惊人。

元阳县境内全是崇山峻岭，所有的梯田都修筑在山坡上，梯田坡度在15° ~75° 。以一座山坡而论，梯田最高级数达 3000 级，这在中外梯田景观中是罕见的。

元阳哈尼梯田主要有三大景区：老虎嘴、坝达和多依树。

1. U 字型的老虎嘴梯田

老虎嘴梯田位于元阳县城 50 千米处，它是元阳梯田的核心区域之一。

▲U字型的老虎嘴梯田

老虎嘴位于几座高山的山坳中间，呈 U 字型，地势异常险要。站在海拔 1600 米高的公路边观景台上远远望去，梯田一望无际，十分壮观。这里曾经被法国报刊列为 1993 年世界上新发现的七大人文景观之一，也曾经被美国摄影家称为世界上最壮丽的田园风光。

知识链接

老虎嘴也叫勐品，包括勐品、硐浦、阿勐控、保山寨等6000多亩梯田。凡是到过元阳梯田的人，都要到老虎嘴看一看。这里可以说是元阳哈尼梯田最具有代表性、最为壮观的地方。来到这里的人们，都会用“绵延不绝、丝丝相连、无边无垠”这样的词语来形容眼前的美景。

站在老虎嘴的任何一个地方看下面的梯田，都会看到一幅如梦如幻的水墨画卷，来到这里的人们，无不感到心旷神怡。

2. 最为壮观的坝达梯田

坝达梯田（又叫麻栗寨景区）包括箐口、全福庄、麻栗寨、主鲁等连片 14000 多亩梯田，十分壮观。这片山谷里一共有接近 17000 块梯田，它

▲坝达梯田

们从山脚一直延伸到山顶。在夕阳的映照下，这幅“图画”温暖而又动人。

3. 版画一样的多依树梯田

多依树梯田距离新街镇 25 千米，海拔为 1900 米。这里拥有当地最美的日出。在没有日出的时候，这里的清晨雾气缭绕，让人如临仙境，美不胜收。

中国梯田魅力之旅（二）——走进秀美的龙脊梯田

梯田处处有，可像龙脊梯田这样大规模的梯田系统实属罕见。从流水湍急的河谷到白云缭绕的山巅，从万木葱茏的林边到石壁陡崖前，凡有泥土的地方，都开辟了梯田。垂直高度达五六里，横向伸延五六里，那起伏的、高耸入云的山，蜿蜒的如同一级级登上蓝天的天梯，像天与地之间一幅幅巨大的抽象画……每个看见这一景观的人，心灵都会被深深地震撼！这是一种难以言表的、一种被大自然的雄奇以及人的伟力所引起的震撼！

◆龙脊梯田

龙脊梯田在广西龙胜各族自治县和平乡平安村龙脊山，距县城 22 千米，距桂林市 80 千米。从广义上说叫做龙胜梯田，从狭义上称为龙脊梯田。

▲多依树梯田

龙脊山海拔近千米，坡度大多在 26° ~35° 之间，最大坡度达 50° 。梯田分布在海拔 300 米至 1100 米之间。从山脚一直盘绕到山顶，大者不过一亩，小者仅插下两三行禾苗，形成“小山如螺”“大山成塔”“层层梯田绕山村，条条渠道涌山泉”的曲线工程。梯田海拔最高 880 米，最低 380 米，垂直高度差 500 米。从山脚爬上景区大概要一个小时的时间，现已开通公路，盘山而上可到半山腰。景区面积共 66 平方千米，主要分为平安壮寨梯田和金坑红瑶梯田。平安壮寨梯田有“七星伴月”和“九龙五虎”两大著名景观，景色秀美飘逸；金坑红瑶梯田有“大界千层天梯”“西山韶乐”和“金佛顶”三大著名景观。

◆龙脊梯田的四时之美

这里的梯田如练似带，从山脚盘绕至山顶，小山如螺，大山似塔，彼此绵延起伏，一气呵成，气势磅礴。梯田不仅雄伟壮观，而且一年四季的景色各异，魅力不同。

春天，万物复苏，农民们开始犁田、砌埂、削壁、灌水，或牛拉，或人牵，点缀在如镜般的梯田水面，勾画出一幅生机盎然的田园风光。

夏天，层层梯田铺青叠翠，苍绿的禾苗随风起舞，连着山岗的红花绿树，

▲龙脊梯田

仿佛天地间浑然是一片浩瀚的绿海，令人神清气爽。

秋天，是收获的季节，如同黄金飘带般的稻浪在微风中此起彼伏，往上看直拍天际，往下望如大海扬波。

冬季梯田虽已收割，看似有点荒凉，但仍不失其英姿和魅力。要是下雪，层层梯田白皑皑一片，千层冰封，万山雪飘……这一幅幅图景，正是“春飘条条银带，夏滚道道绿波，秋叠座座金塔，冬砌块块白玉”。

◆蓑衣盖住的最后一块田

为适应地形条件，这里的每块田均开垦得小巧玲珑，精致细腻，因而有“青蛙一跳三块田”之说。当地至今仍流传着“蓑衣盖过田”的故事。

传说从前有位地主，他交代一个农夫，要挖完山脚那两亩 206 块田才给他付工钱。农夫劳作了一整天，收工之时数来数去却只有 205 块，怎么也找不到最后那块要挖的田，当他无奈地拾起放在地上的蓑衣时，才发现衣服下面就是被盖住的最后一块田。

这个故事形象地说明了当地梯田数量的众多和形状的多姿多彩。龙脊梯田的魅力正在于此。

◆别样的人文风情

据史料记载，龙脊梯田开垦于元代，完工于清朝，距今已有近 700 年的历史。相传这里的壮族居民是宋末为避战乱，自山东的海边迁徙定居于此的。为表示对大海的怀念，他们的头饰至今还保留着蓝白相间的飘带，与其他壮族人服饰略有不同。

龙脊梯田景区内居住着壮、瑶两个民族，在这里你可以看到古朴的壮族民间舞蹈和保护完美的壮族服饰，听到优美的壮族山歌，享受原汁原味的壮族风情。此外，还有古朴的壮乡民居、吊脚楼、木屋木楼，以及香纯味美的龙脊茶、龙脊辣椒和沁人心脾的“东方魔水”——龙脊水酒。

◆坐落在龙脊梯田上的山寨

1. 龙脊观光的核心寨——平安壮寨

平安壮寨位于和平乡龙脊梯田景区，是龙脊观光的核心寨。下距金竹寨 6 千米，上距龙脊古壮寨 2 千米，全为壮族世居。1990 年开辟成龙脊游览观赏村寨之一。该寨高耸在龙脊梯田的山梁上，是一大型壮寨，有 180

多户，740 多人。村寨保持传统的麻栏式三层木楼，全杉木结构，是桂北地区典型的高脚干栏型建筑。“之”字型的石板道把全寨各户相连。

▲平安壮寨

2. 世界上独一无二的长发村——黄洛红瑶寨

黄洛红瑶寨是“龙脊十三寨”中唯一的红瑶村寨。自古以来，红瑶妇女就有蓄长发的传统习惯。全村 300 多人，头发长达 1 米以上的有 60 多名，最长的头发有 1.70 米，是世界上独一无二的长发村（2001 年获“吉尼斯集体长发之最”的称号）。景点经营内容有瑶族歌舞、长发梳妆、瑶家油茶、瑶家风味餐等。村寨前有一条铁索桥，还有工艺品长廊和商店各一个。旅游商品有瑶王印、老虎爪等瑶族图腾的钱包、挂袋、书包、帽子、草鞋、香包、绣花鞋以及瑶族服饰。旅游卫生较好，制定有《黄洛瑶寨文明卫生公约》。红瑶妇女的头发在 18 岁前不剪，18 岁时剪一次，表示成年；18 岁以后留长发，直到去世。当地流行一首长发瑶歌：“一梳长发黑又亮，梳妆打扮为情郎；二梳长发浓又亮，夫妻恩爱情意长；丝丝长发长又亮，父母恩情永不忘；乌龙盘发亮锃锃，幸福生活久久长。”

3. 历史久远的龙脊古壮寨

龙脊古壮寨位于和平乡龙脊寨。因海拔 600 余米，寨楼终日被水光映照，云影拂弄，犹如天宫仙境，与千亩梯田成为奇景。村寨有 200 多户，1000

▲黄洛红瑶寨

多人，为潘、廖、侯三姓的壮族聚居区。该村寨的最大特点是建筑相当古朴，历史久远，有几处甚至有上百年的历史，且保持相当完好。古壮寨的特色十分突出。在龙脊古壮寨，不仅能观赏到最为原始的壮寨建筑格调，而且可以步行石板路观赏到古壮寨内的三鱼共首石桥、龙泉亭、康熙兵营旧址、清乾隆潘天红廉政碑、太平清缸、石碾以及古石寨门等古朴的名胜古迹和纯朴的民风民俗。

4. 地势最低的大寨——金坑红瑶寨

金坑红瑶寨是一个红瑶寨群，主要包括下布、小寨、大寨、新寨等几个村寨。这些瑶寨除了它们所处的地理环境有所不同外，各个村寨的建筑样式都大同小异。大寨村主要包括大寨、田头寨、大毛界、庄介、新寨五个村民组，均为红瑶聚居的村落。以大寨为中心，庄介、田头寨、大毛寨和新寨从左到右呈半环形分布。各个村寨由于交通不便，长时间与外界联系较少，因此经济文化发展条件比较落后。但其原始自然和人文环境保持较为完好。红瑶民族的服装、生活习俗大都保持了自己原有的特色和传统。全村的房子基本保持原始风貌，古色古香。大寨的地势最低，地处金坑盆地中。

▲龙脊古壮寨

5. 下布瑶寨

下布瑶寨是一个红瑶聚居的少数民族村寨。全村现有 104 户，440 人。距离大寨约 4 千米。多年来，下布瑶寨一直没有公路与外界联系，交通十分不便，经济文化相对比较落后。到目前为止，除有一条宽约 1.2 米 ~ 1.5 米的山间小石板路外，下布瑶寨村民仍依靠背扛肩挑来与外界进行少许的物质交流。但是，这种半封闭状态却使许多民族文化和风俗习惯保存得比较完好。特别是瑶族的建筑、梯田、红瑶服饰以及红瑶特有的语言和开放、好客的民风都自然地保存了下来。诸如民歌、传说、舞蹈以及饮食习惯、茶文化都与当地的地脉、文脉融合得相当完好，具有自己的独特魅力。

▲金坑红瑶寨妇女

节约用水的楷模——节水农业

势在必行的节水农业之路

“水，是生命之源”。水在我们的生活中到底有多重要呢？举例来说，我们维持生命需要水，日常生活需要水，进行生产也需要水……水和空气，是人类生命中最重要的两种基本资源。

水是如此重要，任何一个行业都离不开水，农业当然也不例外。然而，当今的世界却不得不面对水资源紧缺以及水污染所带来的严重问题。面对如此严峻的现实，农业又将如何发展呢？

◆水是农业的命脉

水是农业的命脉。为什么这么说呢？我们可以做个试验：用手抓一把植物，你会感到湿漉漉的，凉丝丝的，这就是水的缘故。

植物含有大量的水，如蔬菜含水 90% ~ 95%，水生植物竟含水 98% 以上。水替植物输送养分；水使植物蒸发，使植物枝叶保持婀娜多姿的形态；水参加光合作用，制造有机物；水的蒸发，使植物保持稳定的温度，不致被太阳灼伤。

植物不仅满身是水，而且植物一生也都在消耗水。1 千克玉米，是用 368 千克水浇灌出来的；同样的，1 千克小麦需要 513 千克水，1 千克棉花是需要 548 千克水，1 千克水稻耗水竟高达 1000 千克。一籽下地，万粒归仓，农业的大丰收，水立下了不小的功劳。所以人们常说：“有收无收在水。”

在人类四大古代文明发祥地之中，古埃及文明诞生于尼罗河畔，古巴比伦文明诞生于幼发拉底河和底格里斯河流域，中国文明诞生于黄河流域和长江流域，古印度文明诞生于恒河流域。正是丰富的水资源滋养了人类最初的农业，这才孕育出了世界文明。因此，可以说水是人类文明的源泉。

◆水资源短缺已成为我国农业发展的瓶颈

水资源是如此地重要，我们国家目前的水资源现状又是怎样的呢？

中国是一个严重缺水的国家。虽然我国的淡水资源总量为 28000 亿立

▲水

方米，占全球水资源的6%，仅次于巴西、俄罗斯和加拿大，居世界第四位，但是人均水资源拥有量却只有2200立方米，仅为世界平均水平的1/4，美国的1/5，在世界上名列121位。中国是全球13个人均水资源最贫乏的国家之一。

受季风气候的影响，中国的水资源空间分布极不均匀。总体来说，我国的水资源分布量由东南向西北内陆递减。北方地区水资源贫乏，南方地区水资源相对充足。可以说，水资源短缺已经成为中国农业发展的一大瓶颈。

◆肆虐的旱灾威胁着我国的农业

旱灾是最常见的一种自然灾害。在众多的自然灾害中，旱灾是最可怕的灾害之一。某个地区若长期干旱，不仅会导致这个地区人口流失，还可能会引起社会动荡。旱灾对农业的影响，更是无处不在。

中国的大部分地区位于亚洲季风气候区，降水量受海陆分布、地形等因素影响，分布很不均衡。因此，中国旱灾发生的时期和程度有明显的地区分布特点：秦岭淮河以北地区春旱突出，有“十年九春旱”之说；黄淮海地区经常出现春、夏连旱，甚至春、夏、秋连旱，是全国受旱面积最大的区域；长江中下游地区主要是伏旱、伏秋连旱，有的月份虽在梅雨季节，但也会因梅雨期缩短或少雨而形成干旱；西北大部分地区、东北地区西部常年受旱；西南地区春、夏旱对农业生产影响较大；四川东部则经常出现伏秋旱；华南地区旱灾也时有发生。

在 1950 年 ~1995 年，全国平均每年受旱面积为 2130 多万公顷，占耕地面积的 22%，每三年即有一年发生重旱。中度干旱就会造成农业产量显著下降，严重干旱则造成农业产量大幅度下降。

◆中国走节水农业之路刻不容缓

面对如此严峻的情况，发展节水农业几乎成了中国农业的必然选择。有四个理由可以说明我们发展节水农业是多么的重要。

1. 中国的旱地面积大，有效灌溉面积增长速度明显下降。由于灌溉成本不断增加，灌溉农业的效益下降，制约了灌溉农业的发展。同时，现

▲龟裂的土地

有水利设施损毁较多，实际灌溉面积较小，形成大灾大减产、小灾小减产的局面。

2. 用水渠道增多，用水量日渐增加，地下水位逐年下降，淡水供应短缺，这些已成为制约我国社会经济发展的主要因素。

3. 中国旱涝灾害频繁，抗灾能力差。我国地域辽阔，气候条件复杂，干旱几乎年年发生。因此，发展节水旱作农业势在必行。

4. 中国的水资源利用率低。目前，中国每年农业用水量为 3900 亿立方米，占全社会总用水量的 70%，而农业灌溉效率仅为 45%，农业节水潜力巨大。

“节水农业”多面观

知识链接

节水农业主要指在半干旱和半湿润地区充分利用自然降雨的基础上，高效利用灌溉水的一种农业类型。其一般原理可概括为：充分利用环境水和最大限度节约作物本身用水相结合，以提高自然降水和灌溉水的利用率。

节水农业是提高用水有效性的农业，是水、土、作物资源综合开发利用的系统工程。衡量节水农业的标准是作物的产量及其品质，用水的利用率及其生产率。

◆节水农业的类型

1. 旱地农业

旱地农业在中国又称旱作农业（简称“旱农”），在国外称“雨养农业”或“雨育农业”，指在降水稀少又无灌溉条件的干旱、半干旱和半湿润易旱地区，主要依靠天然降水和采取一系列旱作农业技术措施，以发展旱生或抗旱、耐旱的农作物为主的农业。

2. 节水灌溉农业

节水灌溉农业是指合理开发利用水资源，工程技术、农业技术及管理技术相结合，进而达到提高农业用水效益的目的的农业类型。

◆节水农业与灌溉农业的区别

总体来说，节水农业包括灌溉农业，灌溉农业小于节水农业。

灌溉农业泛指以水浇田的农业，其特点是通过灌溉措施，满足植物对水分的需要，调节土地的温度和土壤的养分，以提高土地生产率。特指在降雨量极少的地区靠灌溉才能存在的农业。

节水农业除了要求节水灌溉外，还要在充分利用自然降水的基础上，通过采用各种技术，最大限度地减少输水、配水、灌水直到作物耗水过程中水的损失，提高单位用水量的产值和产量。这些技术包括农业水资源评价技术、农业水资源开发技术、农业灌溉节水技术、生物化学节水技术以及农业管理范畴节水技术。

▲节水喷灌

◆节水农业的三种途经

节水农业是随着近年来节水观念的加强和具体实践而逐渐形成的。它包括三个方面的内容：一是农学范畴的节水，如调整农业结构、作物结构，改进作物布局,改善耕作制度(调整熟制、发展间套作等),改进耕作技术(整地、覆盖等)，培育耐旱品种等;二是农业管理范畴的节水，包括管理措施、管理体制与机构，水价与水费政策，配水的控制与调节，节水措施的推广应用等；三是灌溉范畴的节水，包括灌溉工程的节水措施和节水灌溉技术，如喷灌、滴灌等。

◆节水农业的好处

1. 节约土地

以往传统的灌溉方法是通过干渠、支渠、斗渠、农渠、毛渠五级渠道将水输送到田间的，而在田间还要挖大量的埂、畦、沟渠，这样使真正有效的种植面积只有70% ~ 80%，而采用喷灌、微灌则取消了田埂、沟渠，可增加种植面积15% ~ 20%，节约了土地。

2. 农业增产、增收

一方面，采用节水灌溉节约的水能扩大可灌溉的农田面积，以此来增加产量；另一方面，采用节水灌溉可以根据作物生长的需求按时按量进行灌溉，有利于作物的生长，可显著增加农业产量。当然由于节水灌溉的方法很多，各有优缺点，因此必须因地制宜做出正确的选择，并采取科学的管理办法，才能达到增产的目的。

3. 减轻农田水利建设的工作量

采用传统的地面沟灌、畦灌、自流漫灌，需要做大量平整土地的工作，这就加大了农田水利基本建设的工作量。采用喷灌后，土地基本不需要平整，种地实现了“三无”，即无渠、无沟、无埂，大大减轻了水利建设的工作量，有力地促进了农业向机械化、产业化、现代化方向的发展。

4. 有利于保护环境

田间实行节水灌溉，能有效地防止由大水漫灌造成的土壤次生盐碱化，缓解了由地下水超采和大量引用河水带来的环境问题。

总之，节水农业是根据农作物生长发育的需水规律以及当地自然条件下的供水能力，为有效利用自然降雨和灌溉水来达到最好的农作物增产效果和经济效益而采取各种措施的农业类型。节水不是最终的目的，准确的说法是高效用水。而节水灌溉是节水农业的中心，是水利现代化的重要组成部分，也是农业现代化的重要组成部分，当然也是农村可持续发展的有机组成部分。

我国节水灌溉农业的发展历史

我国节水农业发展的历史源远流长。在古代，我们的祖先就有把水引入农田用于农作物灌溉的举措。就是在“靠天等雨，靠天吃饭”的缺水地区，人们也想出了种种解决的办法，如打井、挖湖、开沟引渠……

▲旱地农业

在距今4000多年以前，中国就有了临河挖渠、凿井汲水的灌溉农业。在漫长的历史岁月中，灌溉农业的建设绵延不断。如郑国渠、灵渠、都江堰等，都是在古代发挥过重要作用的水利设施，其中的都江堰即使到了今天，也在灌溉着成都平原上的土地。这些水利设施的建设，对促进当时的农业生产和社会经济发展都起到了十分重要的作用。

▲灵渠

灌溉农业的发展主要受水资源的制约。古代劳动人民在与旱灾进行长期斗争的过程中，逐渐学会了一些简单的节水技术，如夯实输水土渠的渠床减少输水渗漏损失，在蒸发量大的西北农田上铺上石子以减少农田土壤水分的蒸发等，对节约农业用水起到了一定作用。

20 世纪 70 年代开始，我国逐渐引进了喷灌和滴灌技术，进入 90 年代以来，国家逐渐意识到我国水资源的短缺，重新大力推广节水技术。经过数年努力，节水农业在国内的推广面积大幅度增加了。

我国节水农业存在的问题

我国虽然在大力发展节水农业，但是由于经验不足和观念落后，发展过程中还是出现了许多问题。

1. 缺乏指导节水农业发展的宏观区划和规划

我国发展节水农业带有盲目性。具体表现在：有些地方不顾客观规律、不考虑本身条件，而是按主观愿望办事，在那些适合某种节水农业措施或已有某种节水农业措施的地方，不进行周密分析，不按经济规律办事，又去发展另一种节水农业措施；在那些水源极为贫乏、开采难度很大而适合发展雨养农业的地方，却不顾一切建设节水灌溉工程；或不考虑自身经济实力和农民接受能力，一味追求高新技术，造成盲目投入或重复投入等不良后果。

2. 没有统一的可操作的节水农业标准和定量指标体系

尽管目前国内采取的节水农业技术措施很多，但节水节到什么程度才算节水，效益高到什么程度才算高效，用哪些指标来衡量，国内外都没有一个统一的标准。当前国内大多以工程形式来定，如实行喷灌、微灌、渠道防渗、管道输水，或大畦改小畦即为农业高效用水。由于没有一个定量的概念，工程之间的标准相差甚远。

3. 对采用综合技术发挥整体效益重视不够

我国在过去发展节水农业的过程中，往往只注意单项的工程技术，如渠道防渗、低压管道输水、喷灌和微灌，而没有很好地将农业增产措施予以配套，形成综合技术。因此，节水农业所产生的效益并不高。

珍惜每一寸空间，合理利用每一秒时间——立体农业

立体农业知多少

◆什么是立体农业

大家都知道，农业就是在土地或者水里通过种植或者放养取得收获的产业。不管在什么地方，农业都是发生在“平面”上的。那么，“立体农业”又是什么意思呢？

狭义的立体农业指的是农业上的“立体种植”。农民根据不同作物的不同特性，如高秆与矮秆、喜光与耐阴、早熟与晚熟、深根与浅根、豆科与禾本科等，利用它们在生长过程中的时空差，合理地实行间种、套种、混种、复种、轮种等配套种植，形成多种作物、多层次、多时序的立体交叉种植结构。

广义上的立体农业指的是在单位面积土地上（或者水域中），或在一定区域范围内进行立体种植、立体养殖或立体复合种养的农业方式。农民通过自己的工作提高了系统内能量的循环效率、物质转化率及第二性物质的生产量，建立起了一种多物种共栖、多层次配置、多时序交错、多级质、能转化的农业模式。

立体农业是传统农业和现代农业科技相结合的新型农业，是传统农业精华的优化组合。

◆立体农业的特点

立体农业的特点集中反映在四个方面。

一是“集约”：集约经营土地，体现出技术、劳动力、物质、资金整体的综合效益。

二是“高效”：充分挖掘土地、光能、水源、热量等自然立体农业的内涵。

三是“持续”:减少有害物质的残留，提高农业环境和生态环境的质量，增强农业后劲，不断提高土地（或水体）的生产力。

四是“安全”：包括产品安全和环境安全，体现在利用多物种组合来同时完成污染土壤的修复和农业发展，实践一种可持续发展的理念。

立体农业模式

◆旱地立体农业类型

这种形式主要建立于北方以麦、棉为主的旱地上，包括棉粮型、粮果菜型、粮桐菜型等多种具体表现形式。

◆稻田立体农业类型

以南方水稻区为主，如稻＋鱼，稻＋萍＋鱼，稻＋鸭＋鱼，稻＋菇＋鱼，稻＋菜＋菌，稻＋麦＋萍＋鱼等综合发展模式。

◆果园立体农业类型

以果树生产为主，兼顾其他生物。通常是利用果树高矮品种搭配种植，或利用幼龄果园间套种。主要有果果型（北方的苹果、梨、桃间种，南方的龙眼、枇杷、凤梨间种）、果菜型、果牧型（果园养鸡、养猪）、果鱼型（香蕉田养鱼）、果粮型（枣粮间种）、果菌型等模式。

◆菜园立体农业类型

以蔬菜生产为主的立体种养模式，多数在城市郊区进行。

主要是菜菜型，即进行两种以上，多者 6 种～ 8 种的蔬菜品种间作、套作、轮作，一年多熟。通常有平地立体种植、立柱立体种植、棚架立体种植和大棚蔬菜立体种植多种模式。此外，还有种菜结合养鸡、养猪，利用鸡、猪粪发酵生产沼气的模式。

◆林地立体农业类型

常见的有东北地区的林药型，华北平原的林粮型、林果型、林经型；南方丘陵山地的林果型、林药型；海南岛热带地区的林胶药型等。

◆山地立体农业类型

根据山地地形气候特点进行林、果、牧、鱼、菜、菌立体种养，又称山地复合立体农业模式，如山顶造林，山林下种药；山腰种果，果下种菜、养鸡；山陇种稻，稻田养鱼。

◆蔗田立体农业类型

主要有蔗田种蘑菇或黑木耳、香菇及蔗＋菇＋鱼等模式。

◆牧场立体农业类型

如养猪场、养鸡场周边种树、种果、种牧草，或利用牧场排泄物和牧草产生沼气，形成良性循环。

◆庭院立体农业类型

以开发庭院资源为目的的复合立体农业类型，如以花为主的花、果、菜、菌立体种养，以果为主的果、花、菜、牧立体种养，以牧为主的牧、菜、草、沼气等发展模式。

明天一定会更好——观光农业

知识链接

观光农业是一种以农业和农村为载体的新型生态旅游业。近年来，伴随全球农业的产业化发展，人们发现现代农业不仅具有生产性功能，还具有改善生态环境质量，为人们提供观光、休闲、度假的生活性功能。随着收入的增加，闲暇时间的增多，生活节奏的加快以及竞争的日益激烈，人们渴望多样化的旅游，尤其希望能在典型的农村环境中放松自己。于是，农业与旅游业边缘交叉的新型产业——观光农业应运而生。

观光农业的基本问题

◆观光农业的类型

观光农业是把观光旅游与农业结合在一起的一种新型旅游业，它的形式和类型很多。根据德、法、美、日、荷兰等国和我国台湾省的实践，其中规模较大的主要有以下五种。

1. 观光农园：在城市近郊或风景区附近开辟特色果园、菜园、茶园、花圃等，让游客入内摘果、拔菜、赏花、采茶，享受田园乐趣。这是国内外观光农业最普遍的一种形式。

2. 农业公园：按照公园的经营思路，把农业生产场所、农产品消费场所和休闲旅游场所结合为一体。我国比较有名的有浙江奉化滕头村和上海崇明前卫村。

3. 教育农园：这是兼顾农业生产与科普教育功能的农业经营形态。具有代表性的有法国的教育农场、日本的学童农园、台湾的自然生态教室等。

4. 森林公园：这是经过修整、可供短期自由休假的森林，或是经过逐渐改造使它形成一定的景观系统的森林。森林公园是一个综合体，它具有建筑、疗养、林木经营等多种功能。同时，也是一种以保护为前提，利用森林的多种功能，为人们提供各种形式的旅游服务和可进行科学文化活

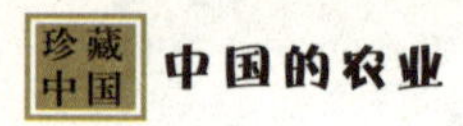

动的经营管理区域。在森林公园里可以自由休息，也可以进行森林浴等。

5. 民俗观光村：到民俗村体验农村生活，感受农村气息。

◆观光农业的发展历史

观光农业旅游在国外已发展了大约半个世纪。最早开始进行农业旅游的国家是西班牙，他们在 20 世纪 60 年代初就把路边的城堡或大农场改造成了饭店和旅馆，用以留宿过往的游客。后来，这些城堡和农场本身也变成了有名的旅游景点。再后来，又陆续出现了法国的工人菜园、美国的观光农场、日本的务农旅游等多种多样的观光农业模式。

世界各国观光农业发展的成功经验，推动了中国观光农业的迅速发展。在 20 世纪 80 年代后期，深圳等一些开放较早的城市最先开始发展观光农业。到了 20 世纪 90 年代，观光农业旅游在我国的大中城市附近迅速兴起。

▲森林公园

观光农业作为新兴的行业，既能促进传统农业向现代农业转型，解决农业发展的部分问题，也能提供大量的就业机会，解决农村剩余劳动力就业，还能够带动农村教育、卫生、交通的发展，改变农村面貌。可以预见，观光农业这一新型产业必将获得很大的发展。

▲观光农业

我国观光农业的优势和应注意的问题

◆我国观光农业的优势

1. 我国观光农业旅游资源丰富、类型多样

我国气候从南方热带到北方温带，地形分山地、高原、盆地、平原、丘陵等。在这片辽阔的土地上，分布着近千座城市，也形成了各具特色的城郊农业生态类型及景观区域组合：从南方的热带珍树奇木、果甜花香到北方的林海雪原，从东部沿海的休闲度假村到西域的草原风情、沙漠景观……这些具有鲜明特征的资源与景观，不仅为消费者提供了丰富的食品，也为开发各

▲蓬勃发展的现代观光农业

类农业科技示范园区及观光农业旅游提供了条件。

▲滕头村农家乐

2. 观念更新，生命力强

我国既是农业大国，又是人口大国，发展观光农业旅游前景广阔。一方面我们依靠几千年来所创立的农业文明与现代技术，用不到世界10%的耕地养育了世界22%的人口，为我们发展观光农业提供了实践基础；另一方面，随着城市化进程的加快，城市生活节奏也在不断加快，人们的旅游观念在不断更新，他们已开始向往城市附近的特色旅游项目。观光农业正好符合了人们的要求。

▲北方的林海雪原旅游资源

3. 依托都市，持续发展

目前，国内观光农业及农业科技示范园区多位于城市近郊，这是因为城市经济实力雄厚，农业科研院所以及院校众多，科技力量强，为观光农业旅游的发展提供了坚强的经济和科技支撑。此外，城市人口集中，经济水平较高，有较稳定的客源消费市场，加速了对观光农业旅游的人流与物流的运转。另外，区内除自然农业景观外，还可通过人造农业景观与当地有较好基础的农业经济和艺术观光相结合，开发新的农业"三高"园区，走出一条新的生态环境效益、经济效益和社会效益持续发展之路。

▲瓜果梨甜的农业旅游资源

四 与农业发展息息相关的因素

气候与农业

立春过后，大地渐渐从沉睡中苏醒过来。冰雪融化，草木萌发，各种花次第开放，大地上姹紫嫣红，春意盎然。再过两个月，燕子翩然归来。不久，布谷鸟也来了。于是转入炎热的夏季，这是植物孕育果实的时期。到了秋天，果实成熟，植物的叶子渐渐变黄，在秋风中簌簌地落下来。北雁南飞，活跃在田间草际的昆虫也都销声匿迹，到处呈现一片衰草连天的景象，准备迎接风雪载途的寒冬。各种农作物也都开始了自己的“冬眠”，它们或者变成种子，等待春天重新发芽；或者落光叶子，等待温暖的时候再次变绿……

俗话说，农业是一个“看天吃饭”的行业。所谓的“天”，说的就是气候更替和天气变化。我们刚刚说到的四季更替，就是气候变化的具体表现之一。

气候和天气

气候是地球上某一地区经过多年观察所得到的概况性的气候情况，是

▲燕子报春

该地区各种天气过程的综合表现。气象要素（温度、降水、风等）的各种统计量（均值、极值、概率等）是表述气候的基本依据。

天气是指某个地方距离地表较近的大气层在短时间内的具体状态。气候则是指某一地区一般情况下具有的天气状况或长期存在的主要天气状况。

我国气候特征

我国气候有三大特点：显著的季风特色，明显的大陆性气候和多样的气候类型。

1. 显著的季风特色

我国绝大多数地区一年中风向发生着规律性的季节更替，这是由我国所处的地理位置（主要是海陆配置）所决定的。

成因：我国位于世界上最大的亚欧大陆的东侧，面对着最大的海洋太平洋，形成的海陆热力性质差异对比明显，因而形成了季风气候。

特点：夏季高温多雨，冬季寒冷少雨。

2. 明显的大陆性气候

由于陆地的热容量较海洋小，当太阳辐射减弱或消失时，大陆比海洋容易降温，因此，大陆温差比海洋大，这种特性我们称之为大陆性。

我国大陆性气候表现在：与世界上同纬度其他地区相比，冬季我国是世界上同纬度最冷的国家。1 月平均气温，东北地区比同纬度平均要偏低 15℃ ~20℃，黄淮流域偏低 10℃ ~15℃，长江以南地区偏低 6℃ ~10℃，华南沿海也要偏低 5℃。夏季地区则是世界上同纬度最暖的国家（沙漠除外）。7 月平均气温，东北地区比同纬度平均偏高 4℃，华北地区偏高 2.5℃，长江中下游地区偏高 1.5℃ ~2℃。

3. 多样的气候类型

我国幅员辽阔，最北的漠河位于北纬 53° 以北，属寒温带，最南的南沙群岛位于北纬 3° ，属赤道气候；而且高山深谷、丘陵盆地众多；青藏高原 4500 米以上的地区四季常冬，南海诸岛终年皆夏，云南中部四季如春，其余绝大部分地方则四季分明。

我国气候对农业生产的影响

◆气候资源对农业生产活动的影响

气候资源是自然资源中影响农业生产最重要的组成部分之一，它提供的光、热、水、空气等能量和物质，对农业有着重要的影响。一是影响农作物种类的分布；二是影响熟制；三是影响产量与质量。要把气候对农业的影响讲清楚，必须结合当地的农业生产活动。

热量是决定植物分布的重要因素。绿色植物光合作用的效率与热量的关系更为密切，光合作用最适宜的温度是20℃～30℃，其下限温度为0℃～5℃，这对规划作物布局、安排农事活动等都有重要的指导意义。一个地区热量的累积值不仅决定该地区作物的熟制，还决定着农作物的分布和产量。

新疆长绒棉产量高的原因就是光照条件好，而东北地区则不适合棉花的生长。这充分说明气候资源对农作物的数量和质量的重要影响。

知识链接

我国四个地区的种植制度

地区	无霜期（天）	≥10℃积温（℃）	降水（毫米）	种植制度类型
东北平原	140～170	1300～3700	500～800	春麦→玉米→大豆轮作一年一熟
西北地区	100～220	2000～4500	250～600	春麦→冬麦→谷轮作一年一熟
黄淮海平原	177～220	3400～4700	500～950	麦—麦—豆套种一年两熟
长江中下游地区	210～280	4500～5600	800～1600	绿肥—稻—稻 油菜—稻—稻 麦—稻—稻 一年三熟

◆气候变化对农业生产的影响

气候变化指的是经过相当一段时间的观察，在自然气候变化之外，由人类活动直接或间接地改变全球大气组成所导致的气候改变。气候变化主要表现在三方面：全球气候变暖、酸雨和臭氧层破坏，其中全球气候变暖是人类目前最迫切的问题，关乎人类的未来！特别是气候异常对我国农业的发展会产生巨大的不利影响。

气候变化可能加重我国华北、西北地区土地沙化、碱化和草原退化，还有可能加重北方一些地区的干旱趋势和长江流域的洪涝灾害。受高温季风气候的影响，东南沿海地区台风频率、强度都可能增加，从而加重沿海地区的风灾和暴雨洪涝灾害。

▲东北稻田

在我国不稳定的气候背景下再叠加气候变化带来的水分胁迫、高温热害、暴雨洪涝、臭氧浓度增加带来的危害等负面效应，很可能加大农业生产的不稳定性。气候变暖还会导致生物带的转移，使部分物种灭绝，农业病虫害频繁发生，作物和牲畜病虫害的地理范围扩大、危害期延长，从而直接影响我国农业的可持续发展。

◆气候变迁对农业生产的影响

气候变迁对农业耕作也有影响，孟子（公元前 372—前 289 年）和荀子（公元前 313—前 238 年）都说，他们那个时候，齐、鲁（今河北、山东一带）农业种植可以一年两熟，而这些地方直到解放初期，还只习惯于两年三熟。唐朝的生长季也比现在长，《蛮书》（约成书于 862 年）说：“曲靖以南，滇池以西，一年收获两季作物，9 月收稻，4 月收小麦或大麦。”而现在由于生长季缩短，不得不种豌豆和蚕豆，以代替小麦和大麦。这种历史经验仍有现实意义。例如，如果气候变暖，就可以考虑双季稻向高纬度、高海拔扩展；若气候变冷，就得采取措施，缩短水稻的生长时间。

知识链接

我国农业气候资源的显著特点有：

1. 热量带多，亚热带和温带面积大。我国由南往北出现多种农业气候带，是世界上热量带最多的国家。这种气候特点决定了我国农产品的多样性和种植制度的多样性。

2. 冬冷夏热，气温年较差大，日较差也比较大。气候的大陆性强，大部分地区四季分明，农事活动依赖于节气的更迭。

3. 雨热同期。我国大部分地区属于季风气候，气温和降水的季节变化同步，气温愈高，降水量愈大。这是我国农业气候资源的一大优势。

4. 地形的显著影响造成了农业气候资源的再分配。我国山地、丘陵占全国面积的2/3，地形复杂、山脉纵横、岗峦起伏，加上离海距离远近等造成光、热、水资源的分配与组合复杂，使一些地区气候的非地带性特点超过地带性特点。

5. 水热资源，特别是水资源年际变化较大。旱、涝常见，这是不利于我国农业建设的气候特点之一。

地形与农业

地形对农业的影响

◆直接影响

不同的地形适宜发展不同类型的农业：

平原地区地势平坦，土层深厚，水源丰富，宜发展种植业。

山地地形陡峭，坡度大，土层薄，水土容易流失，耕作不便，宜发展畜牧业和林业。一般坡度大于 18° 就不利于发展种植业。我国政府要求，坡度大于 25° 的丘陵和山地不得发展种植业。

低洼地区，河湖较多，水面大，宜发展渔业。

◆间接影响

不同的地形区，山地自然条件的垂直分异，使农作物分布随海拔有所不同，如我国的立体农业。

我国地形与农业

我国地形复杂多样，土地利用类型齐全，为因地制宜全面发展农、林、牧、副、渔业提供了条件；同时，平地少、平原更少，使耕地面积小；干旱区广，使林地少。

我国耕地主要分布在东部平原及低缓的丘陵地区，以种植业、渔业（长江中下游）为主；林地主要分布在东部山地，以林业为主；草地主要分布在西部内陆的高原、山地和盆地边缘，以牧业为主。

我国东部沿海发达地区和大中城市郊区主要发展出口创汇农业，其地形条件是：地形平坦，耕作方便，有利于发展农业生产。中部地区主要建设高产、高效的农产品基地，因为那里平原广阔，地势平坦。

内陆盆地边缘的山前平原和沿河的冲积平原，则主要发展绿洲农业。

土壤与农业

知识链接

土壤是指覆盖于地球陆地表面，具有肥力特征的，能够生长绿色植物的疏松物质层。

土壤的分类

土壤按疏松度可以分为砂质土、黏质土、壤土三类。

砂质土的性质：含沙量大，颗粒粗糙，渗水速度快，保水性能差，通

▲酸性土壤适合栽种茶树

气性能好。

黏质土的性质：含沙量小，颗粒细腻，渗水速度慢，保水性能好，通气性能差。

壤土的性质：含沙量一般，颗粒一般，渗水速度一般，保水性能一般，通风性能一般。

土壤对农业的影响

土壤是作物生长的物质基础，不同类型的土壤，适宜生长不同的作物。土壤肥力、酸碱度、土层厚度、土壤结构等都会对农业产生影响。

土壤肥力的高低直接影响到农作物的品质，有时人们需要增加肥力，改良土壤。土壤的酸碱性决定了农作物的种类，酸性土壤适合种植茶树，碱性土壤适合种植向日葵。土层的厚度则会对农作物的产量产生影响。肥力强的土壤是农作物生长的有利因素。土壤结构的疏松程度也对庄稼有直接的影响。

知识链接

社会经济条件包括市场、交通运输、政策、技术和劳动力等。

农业产品要到市场上销售，才能实现其价值。因此，市场的需求量最终决定了农业生产的类型和规模。农业生产的选择必须充分考虑当地的运输条件，如园艺业、乳畜业等，由于其产品容易腐烂变质，因此要求有方便快捷的交通运输条件。

另外，国家政策以及政府干预手段、科学技术、劳动力素质的高低和数量的多寡都会对农业产生影响。

五 琳琅满目的农产品

粮食作物

水稻

大家每天都要吃饭，粮食是一日三餐里最重要的组成部分。那么，大家想过没有，“粮”字为什么是“米”字边呢？

在中国，水稻的种植面积仅占全国粮食作物种植面积的1/4，水稻的产量却占到全国粮食产量的一半以上。水稻收获之后，脱掉壳，就是我们经常吃到的大米了。所以，大米在我们的日常生活中是非常重要的。

◆水稻的分类

1. 根据每年成熟的次数，水稻可以分为单季稻、双季稻和三季稻

水稻喜欢高温、多湿和短日照的气候条件。它对土壤要求不严，决定能否种植的不是热量条件和土壤条件，而是水分条件。有水的地方就可种水稻，只是热量条件好的地区可一年两熟或三熟，即种植双季稻和三季稻，如海南、湖南等一些热带与亚热带地区。而我国北方地区则只能种单季稻。

2. 根据生长的条件，稻可以分为水稻和旱稻。

我们平时说到的“稻”，指的都是水稻。大家知道旱稻有什么样的特点吗？

旱稻又称陆稻，它与水稻的主要品种其实大同小异，一样有籼、粳两个亚种。有些水稻能在旱地直接栽种（但产量较少），也能在水田中栽种。旱稻具有很强的抗旱性，就算缺少水分灌溉，也能在贫瘠的土地上结出穗来。旱稻多种在降

▲麦田

雨稀少的山区，也因地域不同，衍化出许多特别的山地稻种。目前旱稻已成为人工杂交稻米的重要研究方向，这种稻可帮助农民节省灌溉用水。

3. 根据稻谷中的淀粉成分，稻谷可以分为非糯稻与糯稻。

糯稻的黏性很高，又可以细分为粳糯及籼糯。粳糯外观圆短，籼糯外观细长，颜色均为白色不透明。煮熟后米饭较软、黏。通常粳糯用于酿酒、米糕。籼糯用于八宝粥、粽子。

非糯稻的淀粉含量相对比较低，因此黏性较小。

◆水稻的分布

在世界范围内，水稻的生长遍及除南极以外的各个大洲。在我国境内，水稻分布很广：南起海南的三亚市，北至黑龙江的黑河市，东从乌苏里江河口的抚远县，西抵新疆的附疏县。受到热量条件限制，水稻主要分布于秦岭—淮河以南地区，包括长江、淮河流域、华南地区和云贵高原等地。南方地区的水稻种植面积约占全国水稻种植面积的90%以上。

1. 北方稻区

北方稻区多种植粳稻，开发历史短，种植面积小，但单产高、米质好。天津小站米、东北响水大米、京西大米、银川米驰名中外。北方稻区又可分为东北早熟粳稻区、华北单季单稻区和西北干旱季单稻区三个稻区。

①东北单季稻作区

这一区域包括黑龙江以南、长城以北地区，包括黑龙江、吉林、辽宁和内蒙古东部地区。主栽品种以早粳和特早熟早粳为主。

②西北单季稻作区

西北单季稻作区位于大兴安岭以西的北方大部地区，包括内蒙古西部、新疆、宁夏、甘肃大部。品种主要是早熟早粳稻和中粳稻。区域内的大部分地区气候干旱，光能资源丰富。

③华北单季稻作区

华北单季稻作区地处秦岭淮河以北，长城以南，包括北京、天津、河北、内蒙古东南部、山东、山西、河南大部、安徽和江苏淮河以北地区、陕西中北部、甘肃兰州以东地区。该区的种植品种以粳稻为主。雨量大多集中在夏秋。

▲糯稻

2. 南方稻区

①华中单双季稻作区

地处南岭以北、秦岭以南，包括江苏及安徽中南部、上海、浙江、江西、湖南、湖北、四川盆地、陕西和河南的南部。早稻品种多是籼稻，中稻品种多为籼型杂交稻，连作晚稻和单季晚稻以粳稻为主。

②华南双季稻作区

地处南岭以南，包括云南西南部、广东、广西、福建、海南和台湾等省（区）。种植品种以籼稻为主，山区也种粳稻。

③西南单季稻作区

地处我国中西部及高原地区，包括四川、湖南西部、贵州大部、云南中北部、青藏高原河谷地区。水稻品种垂直分布明显，低海拔以籼稻为主，高海拔以粳稻为主，中间地带籼粳混栽。

小麦

小麦最早起源于中东的新月沃土地区。它是人类的主食之一。小麦磨成面粉后可制作面包、馒头、饼干、蛋糕、面条、油条、油饼、火烧、烧饼、煎饼、水饺、煎饺、包子、馄饨、蛋卷、方便面、年糕、意式面食等食物；发酵后可制成啤酒、白酒等等。小麦的食用范围很广，也是颇受人们喜欢的一种粮食作物。

知识链接

小麦是小麦属植物的统称，是在世界各地广泛种植的禾本科植物。

◆小麦的分类

小麦是一种温带长日照植物，适应范围较广，自北纬 18° ~50° ，从平原到海拔 4000 米的高度(如中国西藏)均有栽培。根据对温度的要求不同，分为冬小麦和春小麦两个生理型。

春小麦是在冬季很冷的地方种，因为冬季太冷，不能播种，所以在开春后才种，称为春小麦。春播秋收。

冬小麦是在稍暖的地方种植，秋季播种夏季收，在我国一般以长城为界，以北大体为春小麦，以南则为冬小麦。我国种植的小麦以冬小麦为主。

◆我国小麦三大产区

世界上小麦的产量和种植面积，居于栽培谷物的首位。普通小麦在世界上的种植面积最广，占全世界小麦总面积的 90% 以上。我国各地都有小麦的种植，种植的种类以冬小麦为主。冬小麦的主要种植区域分布在长城以南，其中以河南和山东种植面积最广。春小麦种植，主要分布在长城以北，包括黑龙江、甘肃、宁夏、新疆、内蒙古、青海等省份。我国的小麦栽培遍及全国，小麦种植区总体上可以被划分为三个区域。

1. 春小麦区

主要分布在长城以北，岷山、大雪山以西地区。这些地区大部分处在高寒或干冷地带，冬季严寒，冬小麦不能安全越冬，故种植春小麦；因无

▲陕西梯田上的冬小麦

霜期短促，常在200天以下，栽培制度绝大部分是一年一熟。主产省区有黑龙江、新疆、甘肃和内蒙古。近年来，我国北方地区培育出了一批抗逆性强、适应性广、丰产性高的春麦良种，现已在各地推广，获得显著效果，对改变春小麦低产的状况作用很大。

2. 北方冬小麦区

主要分布在长城以南，六盘山以东，秦岭、淮河以北的地区。这是全国最大的小麦集中产区和消费区，小麦播种面积和产量约占全国2/3左右。其中主要分布于河南、河北、山东、陕西、山西诸省区；一般实行一年两熟或两年三熟耕作制度。由于冬小麦是越冬作物，种植冬小麦与其他粮食作物矛盾较少，可以减少冬闲地面积，扩大夏种面积，增加粮食总产量。

因此，1949 年以来冬小麦的播种面积不断扩大。

3. 南方冬小麦区

主要分布在秦岭淮河以南。这里是我国水稻主产区。该区域种植冬小麦有利于提高复种指数，增加粮食产量。其特点是商品率高。主产区集中在江苏、四川、安徽、湖北各省。

玉米

知识链接

玉米，亦称玉蜀黍、苞谷、苞米、棒子，粤语称为粟米，闽南语称作番麦。它喜高温，是一年生禾本科草本植物，也是全世界总产量最高的粮食作物。

玉米原产于中美洲，是印地安人培育的主要粮食作物，17 世纪时传入中国。玉米是世界上分布最广泛的粮食作物之一，播种面积仅次于小麦、水稻居第三位。从北纬 58° 至南纬 40° 均有种植。种植时间来说，全年每个月都有玉米成熟。

▲玉米

玉米是美国最重要的粮食作物，年产量约占世界产量的一半，其中约 2/5 供外销。中国年产玉米量占世界第二位，其次是巴西、墨西哥、阿根廷。

▲玉米棒

◆玉米在中国

我国的玉米播种面积很大，分布也很广。玉米也是我国北方和西南山区，以及其他干旱地区人民的主要粮食之一。中国的玉米种植面积有 3 亿亩左右，分布在约 24 个省、市、自治区。

东北是我国玉米的主产区，其中吉林省是我国第一大玉米主产省。

我国的玉米分布在六个种植区：

1. 北方春播玉米区

北方春播玉米区以东北 3 省、内蒙古和宁夏为主，种植面积稳定在 650 多万公顷，占全国 36% 左右；总产 2700 多万吨，占全国的 40% 左右。

2. 黄淮海平原夏播玉米区

黄淮海平原夏播玉米区以山东和河南为主，种植面积 600 多万公顷，约占全国 32%，总产约 2200 万吨，占全国 34% 左右。

3. 西南山地玉米区

西南山地玉米区以四川、云南和贵州为主，面积约占全国的22%，总产占18%左右。

4. 南方丘陵玉米区

南方丘陵玉米区以广东、福建、台湾、浙江和江西为主。种植面积为全国的6%，总产不足5%。

5. 西北灌溉玉米区

西北灌溉玉米区指新疆维吾尔自治区和甘肃省一部分地区。种植面积约占全国的3.5%，总产约占3%。

6. 青藏高原玉米区

青海省和西藏自治区海拔高，种植面积及总产都不足全国的百分之一。

马铃薯

知识链接

马铃薯是一种一年生的块茎草本植物。它在我国有大约20多种别名。马铃薯或因起源被称为荷兰薯、爱尔兰薯、爪哇薯；或因其形状被称为土豆、地豆、土卵、地蛋等。不过，马铃薯最常见的名字是东北和华北一带的“土豆”，西北和西南地区称呼的“洋芋”，山西和内蒙古一带称呼的“山药蛋”。

◆马铃薯的起源

根据科学考证，马铃薯栽培种的起源中心是秘鲁和玻利维亚交界处的“的的喀喀湖”盆地中心地区。南美洲的哥伦比亚、秘鲁及安第斯山麓的智利海岸以及玻利维亚、乌拉圭等地区都是马铃薯的故乡。野生种的起源中心则是中美洲及墨西哥。

◆马铃薯的栽培历史

马铃薯作为栽培作物，在南美洲有非常悠久的栽培历史。

远在新石器时代人类刚刚兴起农业的时候，南美洲的印第安人就在当地用木棒松土种植马铃薯，距今已有4000年~4800年的历史。

1536年继哥伦布之后到达新大陆的西班牙探险队员把马铃薯从南美洲带回西班牙和葡萄牙种植。经过260年的时间，马铃薯传遍了整个欧洲。18世纪初期，马铃薯被引入非洲、澳大利亚等地，18世纪末至19世纪初期，马铃薯的栽培面积不断扩大，成为世界上主要栽培作物之一。

▲土豆

马铃薯是从海路传入亚洲的，其传播路线有三条：第一路是在16世纪末和17世纪初由荷兰人把马铃薯传入新加坡、日本和中国台湾；第二路是17世纪中期西班牙人把马铃薯带到印度和爪哇等地；第三路是1679年法国探险者把马铃薯带到新西兰。

马铃薯在明朝万历年间（1573年~1619年）传入我国。传入途径有海路、陆路，陆路是指在16世纪末传入北京，然后遍及北方各省；海路是指在17世纪初传入福建、广东等东南沿海地区后遍及南方各省。因此，京津地区是亚洲较早见到马铃薯的地区之一。广东、福建等沿海各省和台湾地区也是较早传入和种植马铃薯的地区。

◆马铃薯的分布

我国马铃薯生产遍及全国各个省区，主产区为东北、华北、西北和西南等地区，其栽培面积占全国的90%以上，中原和东南沿海各地栽培数量较少。其分布特点是北方多、南方少，山区多、平原少，杂粮产区多、水稻产区少。

目前，我国马铃薯种植面积最大的省区为贵州省，2004年全省种植面积55.14万公顷，其次是甘肃省，为54.9万公顷。种植面积超过20万公顷的省区有内蒙古、贵州、甘肃、黑龙江、山西、云南、重庆、陕西、四川和湖北。根据我国马铃薯种植地区的气候、地理、栽培制度及品种类型等条件，可将我国划分为四个马铃薯栽培区：

1. 北方作区。即昆仑山脉由西向东，经唐古拉山脉、巴颜喀拉山脉、沿黄土高原海拔700米~800米一线到古长城为本区南界。本区包括黑龙江、吉林两省和辽宁省除辽东半岛以外的大部；内蒙古、河北北部、山西北部；宁夏、甘肃、陕西北部；青海东部和新疆天山以北地区。

本区的气候凉爽，日照充足，昼夜温差大，适于马铃薯生长，栽培面积约占全国50%以上，本区也是我国重要的种薯生产基地。

2. 中原作区。本区位于北方作区南界以南，大巴山、苗岭以东，南岭、武夷山以北，包括辽宁、河北、山西、陕西四省的南部；湖北、湖南两省的东部；河南、山东、江苏、浙江、安徽、江西等省。

本区夏季长，温度高，不利于马铃薯生育。所以为了躲过炎热的夏季高温，实行春、秋二季栽培。春季多为生产商品薯，秋季主要是生产种薯。栽培时多与其他作物间套作。春季生产在2月下旬至3月上旬播种，5月下旬至6月上中旬收获。秋季生产在8月播种，11月收获。

本区马铃薯播种面积不足全国的10%。但近年来，由于实行间套作和采取脱毒种薯以及新品种的育成和推广，种植面积也在逐年扩大，并成为

▲山东土豆与玉米间作

商品薯出口和种薯生产基地之一，也成为全国马铃薯的高产地区。

3. 南方作区。本区位于南岭、武夷山以南，包括广西、广东、海南、福建、台湾等省。

本区属海洋性气候，夏长冬暖，四季不分明。主要在稻作后，利用冬闲地栽培马铃薯，栽培季节多在冬春季或秋冬季。9 月初至 10 月下旬播种，12 月末至 1 月初收获。1 月中旬播种，4 月上中旬收获。但由于和其他作物进行间套种，所以播期变化也较大。本区栽培的集约化程度高，是我国重要的商品薯出口基地，也是今后马铃薯发展潜力较大的地区。

4. 西南作区。本区包括云南、贵州、四川、西藏等省（区）及湖南、湖北的西部山区。

本区多为山地和高原，区域广阔，地势复杂，海拔高度变化很大，栽培制度也不尽相同。在海拔 2000 米以上的高寒山区，气温低，无霜期短，四季分明，夏季凉爽，雨量充沛，多为春种秋收，一年一季。在海拔 1000 米 ~2000 米的低山地区与中原作区相同，实行春秋二季栽培。在海拔 1000 米以下的江边河谷或盆地，气温高，无霜期长，夏季长而冬季暖，雨量多且湿度大，所以与南方作区相同，多在冬春或秋冬季节栽培。

本区马铃薯栽培面积约占全国马铃薯栽培面积的 40%。品种资源丰富，除了采用脱毒种薯栽培外，可以利用不同海拔高度，进行就地留种和串换。

甘薯

每到秋风吹起的时候，街上就会有出现很多推车卖红薯的人。他们的车边总会飘出一股浓郁的香味。香喷喷的红薯，是人们非常喜爱的一种零食。不过，在许多地方，红薯还是人们的主食呢。

在不同地方，红薯被人们赋予了不同的名称：山芋、红芋、番薯、白薯、白芋、地瓜、红苕等。

◆甘薯的起源与传播

好吃的甘薯起源于墨西哥以及哥伦比亚、厄瓜多尔到秘鲁一带的热带美洲。哥伦布最早拜见西班牙女王时，曾将由新大陆带回的甘薯献给女王。

16世纪初，西班牙已普遍种植甘薯。后来西班牙水手把甘薯携带至菲律宾的马尼拉和摩鹿加岛，由此传至亚洲各地。

▲甘薯

甘薯通过多条渠道传入中国，传入的时间大约是16世纪末期。目前，中国的甘薯种植面积和总产量均占世界首位。

◆甘薯的分布

世界上的甘薯主要产区分布在北纬40°以南。栽培面积以亚洲最多，非洲次之，美洲居第三位。

甘薯在中国分布很广，以淮海平原、长江流域和东南沿海各省最多。全国分为5个薯区：

1. 北方春薯区。包括辽宁、吉林、河北、陕西北部等地，该区无霜期短，低温来临早，故多栽种春薯。

2. 黄淮流域春夏薯区。属季风暖温带气候，栽种春夏薯较适宜，种植面积约占全国总面积的40%。

3. 长江流域夏薯区。本区包括除青海和川西北高原以外的整个长江流域。

4. 南方夏秋薯区。该地区处北回归线以北，长江流域以南。除种植夏薯外，部分地区还种植秋薯。

5. 南方秋冬薯区。北回归线以南的沿海陆地和台湾等岛屿属热带湿润气候，夏季高温，昼夜温差小，主要种植秋冬薯。

经济作物

棉花

◆非花之“棉花”

棉花是花吗？棉花并不是花，棉花植物开的花朵是乳白色或粉红色。平常我们说的棉花，则是它开花后长出的果子在成熟时裂开并翻出的果子内部的纤维。

▲棉花

棉花，是锦葵科棉属植物的种子纤维。它原产于亚热带。植株呈灌木状。在热带地区栽培的棉花可以长到 6 米高，一般的高度则是 1 米 ~2 米。它的花朵刚开始时是乳白色的，不久就转成深红色，然后凋谢，留下绿色小型的蒴果。这种果实名为棉铃。棉铃内有棉籽，棉籽上的茸毛从棉籽表皮内长出，塞满棉铃内部。棉铃成熟时会裂开，露出柔软的纤维。纤维的颜色为白色至白中带黄，长约 2 厘米 ~4 厘米，含纤维素约 87% ~ 90%。棉花产量高的国家有中国、美国、印度等。

◆“树羊毛”的来历

棉花种植最早出现在古印度河流域文明中。公元 1 世纪，阿拉伯商人将精美的细棉布带到了意大利和西班牙。大约 9 世纪时，摩尔人将棉花的种植方法传到了西班牙。15 世纪，棉花传入英国，然后传入英国在北美的殖民地。

中美洲的原住民也早已懂得用棉花纺织衣服和毯子。16 世纪，当西班牙人进入墨西哥南部的尤卡坦半岛时，就发现当地已经拥有高度发达的植棉业。当地的居民将彩色棉纺成土布，做成服装。现在占世界棉花总产 90% 以上的棉种都源自于墨西哥的陆地棉。

▲冰激凌

中世纪，棉花是欧洲北部重要的进口物资。当时，那里的人们习惯从羊身上获取羊毛。所以，当他们听说棉花是种植出来的，还以为棉花来自一种特别的羊身上，而这种羊是从树上长出来的。所以，德语里面的棉花一词直译就是“树羊毛”。

▲棉花的花朵

◆棉花的分类

按照自身的纤维特点，棉花可以分为粗绒棉、长绒棉和细绒棉三类。

粗绒棉也叫亚洲棉，原产印度。由于产量低、纤维粗短，不适合机器纺织，目前已被淘汰。

长绒棉也叫海岛棉，原产南美洲。特点是纤维长、强度高，适合纺高支纱。目前我国只有新疆生产。

细绒棉也叫陆地棉，原产中美洲，所以又称美棉。适应性广、产量高、纤维较长、品质较好，可纺中支纱。

◆棉花的分布

目前，世界上的棉花产地主要分布在中国、美国、印度、乌兹别克斯坦、埃及等国。其中，中国的单产量最大，而乌兹别克斯坦因为棉花品质出众，因而有“白金之国”的美誉。

◆棉花在中国

中国是一个产棉大国，我国的棉花种植带大致分布在北纬 18° ~46° ，东经 76° ~124° 之间。

中国的产棉省市区有 22 个，其中棉田面积在 40 万公顷以上的有 7 个（新疆、河南、江苏、湖北、山东、河北、安徽）；在 10 万公顷以上的有 4 个

（湖南、江西、四川、山西）；其他各省市只有较零星的种植。目前，我国棉花生产布局正在大规模调整，由分散种植向优势区域集中，植棉县已由过去的1130个减至721个。

▲新疆棉区

现在，中国主要有三大产棉区域，即新疆棉区、黄淮流域棉区和长江流域棉区。

1. 新疆棉区在90年代以后发展迅猛，是我国近些年新兴的富棉地区。该区日照充足，气候干旱，雨量稀少，属灌溉棉区；耕作制度为一年一熟，棉田集中，种植规模大，机械化程度较高；单产水平高，原棉色泽好，“三丝”含量低。新疆是我国唯一的海岛棉（长绒棉）产区。

2. 黄淮流域棉区包括河北（除长城以北）、山东、河南（不包括南阳，信阳两地区）、山西南部、陕西关中、甘肃的陇南、江苏安徽两省的淮河以北。该区土地平坦，灌溉条件较好，日照充足，光热资源适中；棉田布局集中，耕作制度以两熟套种为主；棉花生产成本较低，单产水平中等，原棉品质

知识链接

蓝色牛仔裤是取材于棉花的。牛仔布这个词来源于法语serge de Nimes，直译就是“尼姆之布”，“尼姆”是一个法国城镇，这个城镇以盛产面料著称。

灯芯绒也属于棉花。这个词也源于法语，大体上可以译为绳索之王。

一捆棉花能够产出将近1217件T恤或者是313600张一百元的现钞。

一个棒球能够用掉150码的棉花。

制作美国纸币的材料中，75%取材于棉花。

棉花也是一种食品农作物。每年大约有2亿加仑的棉花种子油被用来生产食品，比如薯条，黄油和沙拉调味品。棉花也是制作牙膏和冰激凌的原料。

平均每个棉花圆荚包含大概50万条纤维。

棉制的纸张被美国用来保存三种文件：独立宣言、权利自由法案和宪法。

主要指标比较协调；棉花在种植行业和农民收入中所占比重较大；纺织工业较发达，运输成本低。

3. 长江流域棉区包括上游的四川盆地的浅山丘陵岗地、中游的洞庭湖平原、江汉平原、鄱阳湖平原和沿江地区，下游的南襄盆地和滨海地区。该区光热资源丰富，耕作制度 90% 以上实行粮（油）棉一年两熟，以移栽棉为主；棉田布局较集中，单产水平较高，棉纤维强度高，成熟度好；纺织工业发达，运输成本较低。

花生

◆花生的营养

花生，又名落花生、金果、长寿果、长果、番豆、金果花生、地果、唐人豆等等，有滋补养生、延年益寿的作用，所以又被民间称为“长生果”。由于花生中含有大量的蛋白质，它又和黄豆一同被誉为“植物肉”，并享有“素中之荤”的美称。

▲落花生

花生的营养价值比一般的粮食作物都要高，甚至可以与鸡蛋、牛奶、肉类等一些动物性食物媲美。它含有大量的蛋白质和脂肪，很适宜制造各种营养食品。

◆花生的分布

花生原产于南美洲一带。目前，世界上栽培花生的国家有 100 多个，其中亚洲国家最多，其次为非洲。不过，把花生作为商品进行生产的国家只有10多个，其他国家都把花生作为粮食作物。

花生的主要生产国中，以印度和中国的栽培面积和生产量最大。其他的主要生产国还有塞内加尔、尼日利亚和美国等。

在中国，花生的集中产区有山东半岛、辽东半岛、辽西走廊和河北的滦河下游地区，华南的闽、粤、桂、台等地的丘陵和沿海地区。

◆彩色的花生

我们平时见到的花生都是白色外壳，红色果皮和白色果仁。大家见过彩色的花生吗？

彩色花生是从普通花生变异而来的。现在，人们已经开始有意识地种植一些彩色的花生。因为彩色的花生给我们的生活带来了不一样的趣味。

彩色花生主要分为富硒黑花生、白玉花生、珍珠花生等几个品种，其中按果仁外皮颜色又能分为黑、紫黑、白、紫红、红白，彩粒等几个色系。从外壳的颜色来自五彩花生有黑色、雪白、白底红花纹、黑底黄花纹、黄底黑花纹等颜色。但是彩色花生长出的秧蔓与普通花生的没有太大区别，只是叶片稍大一些。按粒色可分为两粒黑、四粒黑、两粒彩、四粒彩、双粒花、双粒白等。

油菜

知识链接

油菜又叫油白菜，是我国最重要的油料作物之一。油菜中含多种营养素，所含的维生素C非常丰富。

◆油菜的分类

目前我国栽培的油菜品种，主要有三大类型，即白菜类型、芥菜类型和甘蓝类型。

1. 白菜类型

我国种植的白菜类型油菜有两种，一是北方小油菜，二是南方油白菜。北方小油菜在我国种植历史悠久，古代文献中称为芸薹，分布在我国西北、华北各省。主要特征是株型矮小，分枝少，茎秆细，基叶不发达，匍匐生长，叶形椭圆，有明显的琴状裂片和刺毛，有一层薄蜡粉。南方油白菜，我国南方各省均有种植，与北方小油菜比较，株型较大，茎秆较粗壮，叶肉组织疏松，基叶发达，叶柄宽，中肋肥厚，叶主缘或有浅缺刻，绝大多数不具蜡粉。

2. 芥菜类型

又称为高油菜、苦油菜、辣油菜或大油菜等。主要分布在我国西北和西南各省。栽培历史悠久。其主要特点是植株高大，株型松散，分枝纤细，分枝部位高，主根发达。幼苗基部叶片小而窄狭，有明显的叶柄，叶面皱缩，且具有刺毛和蜡粉，叶缘一般呈琴状深裂，并有明显锯齿。薹茎叶具短叶柄，叶面多有皱缩。花瓣较小，四瓣分离。角果细而短，子粒一般较小，千粒重 2 克左右。种子有黄色、红色、褐色或黑色，种皮表面有明显的网纹。含油量一般在 30% ~ 35%，但也有高达 40%以上的品种。有辛辣味，油品质较差，不耐贮藏。生育期较长，产量低，但抗旱耐瘠性均较强。

3. 甘蓝类型

这类油菜的特性是植株高大，枝叶繁茂。苗期叶色较深，叶质似甘蓝，叶肉组织较致密，叶有明显裂片，叶面前端较大的称顶裂片，后面短小的称侧裂片。叶面有蜡粉，边缘呈锯齿状或波状，基叶有明显的叶柄。幼苗多为半直立或匍匐。薹茎叶半抱茎，茎秆披蜡粉。花瓣大，花瓣平滑重叠呈复互状，种子较大，自交结实率较高，角果较长，多与果轴呈直角着生，也有斜生和倒生的。种子黑色或黑褐色，粒大饱满，千粒重 3 克 ~ 4 克，有的高达 5 克以上。含油量较高，一般在 42%左右，有的高达 50%以上。成熟迟，生育期长，抗寒和抗病毒能力较强，比较耐肥，产量较高且较稳定，增产潜力大。

◆油菜的起源与分布

中国和印度是世界上栽培油菜最古老的国家。从我国陕西省西安半坡文化遗址中就发现油菜籽或白菜籽，距今约有 6000 年 ~7000 年。公元前 2000 年 ~ 公元前 1500 年的印度梵文著作中已有关于“沙逊”油菜的记载。油菜的起源地一般认为有两个：亚洲是芸薹和白菜型油菜的起源中心，欧洲地中海地区是甘蓝型油菜的起源中心。

北方小油菜原产我国西部，分布于我国的西北、华北、内蒙古及长江流域各省（区），世界各地也广泛分布。油菜栽培历史十分悠久。芥菜油菜是多源发生的，我国是其原产地之一。秋播油菜主要分布于长江流域，其次是黄淮平原和云贵地区；春播油菜在燕山—陇南一线以北、以西的青藏高原、甘肃、新疆、内蒙古和黄土高原以及东北地区。

◆冬油菜区和春油菜区

从全国范围来说，一年四季都有油菜在田里生长，每年的 3 月至 10 月均有油菜播种和收获。一般按油菜的生长季节不同，可将我国油菜产地分为冬油菜和春油菜两大产区。

1. 冬油菜区

我国冬油菜种植面积约占全国油菜总面积的 90%，主要集中在长江流域各省。近几年我国冬油菜种植面积和总产量都有显著增长，特别是黄淮流域广大地区，充分利用冬闲，扩大复种面积，油菜的种植有了很大的发展。油菜种植在苏北、皖北的发展也很快，本区冬季温度适于油菜秋播夏收，油菜经历一个冬季后，正好满足了其生长发育的要求，可以获得较高产量。

▲冬油菜

▲春油菜

冬油菜种植形式有:①水稻、油菜两熟制，包括中稻、油菜两熟和晚稻、油菜两熟两种方式;②双季稻、油菜三熟制;③一水一旱、油菜（或一旱一水、油菜）三熟制；④旱作棉花（或玉米、高粱、甘蔗、烟草等）油菜两熟制。

2. 春油菜区

春油菜是指春季播种、秋季收获的一年生油菜。但在春寒地区，需要等到 5 月才能播种，早熟品种可在 7 月收获。春油菜主要分布于油菜不能安全越冬的高寒地区，或前作物收获过迟以至在冬前来不及种植油菜的地方。中国北部、西部和东北部，以及欧洲北部等高纬度或高海拔低温地带，均以种植春油菜为主。春油菜种植面积约占全国总面积的 10%。主要分布在我国西北高原各省，比较集中在青海、内蒙古、新疆、甘肃等省区，东北平原和四川西北部为解放后发展起来的春油菜区。

芝麻

自古以来，芝麻就是深受人们喜爱的美食。围绕着芝麻，人们还流传下来许多俗语，比如“芝麻开花节节高”“捡了芝麻，丢了西瓜”等等。大家知道吗？芝麻不仅可以食用，还是一种重要的油料作物呢！

◆芝麻的美名

芝麻是我国种植的四大食用油料作物的佼佼者，也是我国主要的油料作物之一。芝麻的种子含油量高达61%，我国自古就有许多用芝麻和芝麻油制作的美味佳肴流传于世。

▲芝麻开花

◆芝麻的药理作用

在古代，芝麻历来被视为延年益寿的食品。古代的养生学家陶弘景说："八谷之中，惟此为良，仙家作饭饵之，断谷长生。"宋代的大词人苏东坡也对芝麻给予了高度的肯定，他认为芝麻能强身体，抗衰老。此外，《本草纲目》等一些经典的医书也对芝麻的药用作用进行了记载。

◆芝麻的起源与分布

芝麻原称胡麻，可能源于非洲或印度。相传在西汉时期，张骞出使西域时把芝麻引进了中国。芝麻在我国的分布广泛。河南、湖北、江西、安徽等省份都是芝麻的主产区。

▲芝麻点心

◆芝麻的食用方法

芝麻有黑白两种，食用的芝麻以白芝麻为好，药用则以黑芝麻为佳。日常生活中，人们吃的多是芝麻制品：芝麻酱和香油。而吃整粒芝麻的方式则不是很科学，因为芝麻仁外面有一层稍硬的膜，只有把它碾碎，芝麻仁中的营养素才能被吸收。所以，整粒的芝麻炒熟后，最好用食品加工机搅碎或用小石磨碾碎了再吃。

向日葵

◆花名的由来

向日葵，别名太阳花，是一种可生长至3米的一年生菊科向日葵属植物。它的盘型花序直径可达30厘米。由于它的花序会随着太阳转动而得名。

◆食疗与保健作用

▲向日葵

向日葵是人们非常喜欢的健康营养食品。与许多其他果仁食品相比，葵仁的蛋白质含量更高，热量又较低，而且不含胆固醇，籽仁的亚油酸含量很高，食用后有助于降低人体血液的胆固醇水平。葵花籽中含有大量的食用纤维，能降低结肠癌的发病率。葵花籽中丰富的钾元素对保护心脏功能、预防高血压非常有益。葵花籽中所含的植物固醇和磷脂，能够抑制人体内胆固醇的合成，防止血浆中的胆固醇过多，从而可防止动脉硬化。葵花籽又有综合性的抗癌作用，补充营养，健身防病，防癌抗癌都有积极作用。

◆向日葵的分布

向日葵为世界四大油料作物之一，约在明朝时传入我国。

向日葵主产区分布在北纬35° 至55° 之间。主要分布于我国的东北、西北和华北地区，如内蒙古、吉林、辽宁、黑龙江、山西等省区。但向日葵的生产潜力很大，可向我国的西南、中南和华东地区扩种。

烟草

知识链接

烟草是茄科一年生草本植物。烟草属的植物大约有60多种，不过，真正用于制造卷烟的大多是红花烟草。此外，少部分的黄花烟草也被用于制造香烟。其他品种的烟草很少在卷烟行业使用。

◆烟草的起源与传播

人们普遍认为烟草最早起源于美洲。考古人员发现，人类尚处于原始社会时，烟草就进入到美洲居民的生活中了。那时，人们在采集食物时，无意识地摘下一片植物叶子放在嘴里咀嚼，因其具有很强的刺激性，正好起到恢复体力和提神鼓劲的作用，于是便经常采来咀嚼，次数多了，便成为一种嗜好。

墨西哥南部贾帕思州的伦克有一座建于432年的神殿，里面的一幅浮雕上画着一个叼着长烟管拿着烟袋的玛雅人，在举行祭祖典礼时，用烟管吐烟和吸烟的情景，头部还用烟叶裹着。这是美洲人民早期使用烟草的直接证据。

▲烟草

16世纪中叶，烟草被欧洲人传入中国。目前，全国多个省份都种植烟草。

◆隐藏在香烟中的杀手

香烟中含有大量的化学物质，绝大多数对人体有害。首先我们来了解一下香烟的几种主要成份：

1. 尼古丁：一种与海洛因、可卡因一样容易上瘾的化学物质，当你吸烟时，尼古丁只需 10 秒钟就可进入你的大脑，然后使你心跳加快，增加你患上心脏病的危险，同时使你在不吸烟时引发脱瘾症状。

2. 一氧化碳：汽车排出的有害气体，可取代人体血管内由血红球负责输送的氧气中的 15%，造成气喘、体力不足的状况。一氧化碳也会损害血管内壁，导致动脉硬化加重，脂肪沉积在血管壁上，加重血管阻塞，增加心脏病发病的可能性。

3. 焦油：用来铺马路的物质。焦油中含有很多致癌物质和其他化学物质，包括丙酮、DDT、砒霜（一种毒药）、甲西醛、氨以及外加 4000 种有害物质与致癌物质。

香烟中这些物质不但可能引起咽喉炎、支气管炎，而且有致癌的作用。吸烟同时还可能引发动脉硬化和溃疡等多种疾病的发生。

甜菜

甜菜，又名萘菜，原产于欧洲西部和南部沿海地区。它是除热带甘蔗以外糖的另一个主要来源。

◆甜菜的外形

甜菜是一种两年生草本植物，茎有 1 米 ~2 米高，叶长 5 厘米 ~20 厘米，叶形多有变异，有长圆形、心脏形或舌形，叶面有皱纹或平滑。花小，绿色，每朵直径仅 3 毫米 ~5 毫米，风媒。果实为球状褐色，通常数个联生成球果。主根为肉质块根，有圆锥形，也有纺锤形和楔形；皮有红色、紫色、白色、浅黄色等不同的颜色。喜

▲甜菜

凉爽气候，根中含糖分，可以生产砂糖。但在高温和潮湿地区生长的甜菜含糖量低。

◆甜菜的分布

甜菜作为糖料作物栽培始于 18 世纪后半叶，至今仅 200 年左右历史。然而，现在世界上的甜菜种植面积已经占到糖料作物的 48%，仅次于甘蔗而居第 2 位。目前，世界上的甜菜种植主要分布在北纬 65° 到南纬 45° 之间的冷凉地区。

中国大面积引种糖用甜菜始于 1906 年。先在东北试种，1908 年建立第一座机制甜菜糖厂后逐渐向其他地区推广。我国主产区在北纬 40° 以北，包括东北、华北、西北三个产区，其中东北种植最多，约占全国甜菜总面积的 65%。这些地区都是春播甜菜区，无霜期短、积温较少、日照较长、昼夜温差较大，甜菜的单产和含糖率高、病害轻。

在西南部地区，如贵州省的毕节、威宁，四川省的阿坝地区，湖北省的恩施和云南省的曲靖等地，虽纬度较低，但由于海拔高、气候垂直变化大，也均属春播甜菜区。

黄淮流域的夏播甜菜区是中国近年发展起来的新区，面积仅占全国甜菜总面积的 5.5%。

甘蔗

甘蔗是温带和热带农作物，是制造蔗糖的原料，且可以提炼乙醇作为能源替代品。适合栽种于土壤肥沃、阳光充足、冬夏温差大的地方。

全世界有一百多个国家出产甘蔗，最大的几个甘蔗生产国是巴西、印度和中国。甘蔗中含有丰富的糖分、水分，还含有对人体新陈代谢非常有益的各种维生素、脂肪、蛋白质、有机酸、钙、铁等物质，主要用于制糖，现广泛种植于热带及亚热带地区。

◆甘蔗的起源

甘蔗原产地可能是新几内亚或印度，后来传播到南洋群岛。大约在周朝周宣王时传入中国南方。先秦时代的“柘”就是甘蔗，到了汉代才出现

"蔗"字,"柘"和"蔗"的读音可能来自梵文sakara。公元10到13世纪(宋代),江南各省普遍种植甘蔗。中南半岛和南洋各地如真腊、占城、三佛齐、苏吉丹也普遍种甘蔗用以制糖。

▲甘蔗

公元6世纪,伊朗萨珊王朝国王库思老一世将甘蔗引入伊朗种植。公元8到10世纪,甘蔗的种植遍及伊拉克、埃及等地。后来葡萄牙和西班牙殖民者又把甘蔗带到了美洲。

◆甘蔗的分布

目前,甘蔗的分布主要在北纬33°至南纬30°之间,其中以南北纬25°之间,面积比较集中。种植面积最大的国家是巴西,其次是印度,中国位居第三,其他种植面积较大的国家还有古巴、泰国、墨西哥、澳大利亚、美国等。

我国的甘蔗主产区主要分布在北纬24°以南的热带、亚热带地区,包括广东、台湾、广西、福建、四川、云南、江西、贵州、湖南、浙江、湖北等南方11省区。20世纪80年代中期以来,我国的蔗糖产区迅速向广西、云南等西南部地区转移。

林产品

森林是一座绿色的宝库；森林是洒落在大地上的一块块无价的翡翠；森林是大自然赐给地球的最珍贵的一件礼物。正是有了森林，我们的地球才有了装扮；正是有了森林，我们的地球才能够呼吸；正是有了森林，无数的生物，包括我们人类，才能找到地方遮风避雨……森林生根在泥土中，是所有地球生物的保护伞。

我国曾经是一个森林资源极其充沛的国家，在古代，神州大地上到处都是一片郁郁葱葱。可是，随着气候的改变和人口的飞速增加，一片片森林被人们砍倒，一棵棵树木在我们的眼前消失。到如今，中国已经是世界上人均森林面积最少的国家之一。

有限的森林资源在环境污染日益严重的今天尤其珍贵，保护环境已经迫在眉睫。那么，我国现有的森林资源都分布在哪里呢？它们又有什么样的特征呢？就让我们到祖国的各个绿色王国去看一看吧！

我国森林的地域分布

中国现有的原生性森林已经不多，仅剩的原生态森林主要集中在东北地区和西南地区的天然林区内。

按森林的外貌和森林内的树木种类划分，我国的森林可以分为针叶林和阔叶林。针叶林和阔叶林的面积约各占我国森林总面积的一半。具体而言，前者面积占总面积的49.8%，后者占总面积的47.2%，剩下的3%为针阔叶混交林。下面我们来一一介绍吧！

◆针叶林

针叶林在中国的分布非常广泛，但地带性的针叶林则只见于东北和西北两隅，以及西南、西藏东南的亚高山针叶林，其余的大多是人工营造而成，如杉木林等。这些针叶林里面不仅植物种类丰富，还栖息着许多种类的动物，是名副其实的绿色宝库。

▲针叶林

1. 北方针叶林和亚高山针叶林

北方针叶林是高纬度水平地带性植被的代表，亚高山针叶林是较低纬度的亚高山带性植被类型。这两种森林在分布区域和地理环境方面差异很大，但它们都属于亚寒带针叶林类型，因此它们的外貌、组成和结构十分相似。

落叶松林、云杉林、冷杉林、松林和圆柏林是这两类森林的主要组成树木。它们的树叶大多呈针状，因此它们组成的森林被称为“针叶林”。针状的叶子可以减少树木中水分的蒸发量，帮助它们越过一个又一个严酷的寒冬。

2. 暖温带针叶林

暖温带针叶林主要分布在华北地区和辽东半岛，森林里的树种有油松、赤松、侧柏和白皮松等。

3. 亚热带针叶林

亚热带针叶林的树木种类很多，如马尾松、云南松、细叶云南松、卡西亚松、华山松、高山松、杉木、柳杉、柏木、冲天柏（干香柏）、油杉、铁坚杉、银杉等。

4. 热带针叶林

热带针叶林很少见，森林中的树种也很少，多呈现零星分布的特点，很难形成大片的森林。主要的树种有南亚松、海南五针松和喜马拉雅长叶松等。

◆针叶与落叶阔叶混交林

1. 红松阔叶混交林

红松阔叶混交林是中国温带地区的地带性森林类型，它主要分布于东北长白山和小兴安岭一带的山地，向东一直延伸至俄罗斯的阿穆尔州沿海地区以及朝鲜北部。森林中的主要树种是红松和一些阔叶树，例如核桃楸、水曲柳、紫椴、色木、春榆等。

2. 铁杉、阔叶树混交林

这个类型的混交林主要分布在中国的亚热带山地。它是常绿阔叶林向亚高山针叶林过渡的一种垂直带森林类型。森林中的主要树种是长苞铁杉、铁杉以及壳斗科植物。

◆阔叶林

1. 落叶阔叶林

落叶阔叶林分布在温带、暖温带和亚热带的广阔范围。我国的落叶阔叶林主要的森林类型有华北、西北地区的落叶阔叶混交林、栎林、赤杨林、钻天柳林、尖果沙

▲阔叶林

枣林；由亚热带常绿阔叶林被破坏后形成的栗树林、枫香林；北方针叶林和亚高山针叶林组成的次生林类型的山杨林和桦木林以及发育在亚热带山地的山毛榉林和生长在亚热带石灰岩山地的化香林、青檀、榔榆林和黄连木林等。

2. 常绿阔叶林

常绿阔叶林是中国湿润亚热带地区的地带性森林类型，所含物种丰富，就高等植物而言，约占全国种类的1/2以上。常绿阔叶林纯种的优势不明显，经常由多种共建种组成，有青冈林、拷类林、石栎林、润楠林、厚壳桂林、木荷林、阿丁枫林、木莲林。

3. 硬叶常绿阔叶林

川西、滇北和藏东南一带曾为古地中海的地区，有类似地中海硬叶常绿阔叶林残遗的群落存在，主要见于海拔2000米～3000米的山地阳坡。一般山地常见的类型有高山栎林、黄背栎林、长穗高山栎林、帽斗栎林、川西栎林、藏高山栎林。而河谷地区常见有铁橡栎林、锥连栎林、光叶高山栎林和灰背栎林的分布。

4. 落叶阔叶与常绿阔叶混交林

这类森林的种类组成相当复杂。它可分成几种不同的类型，如分布在北亚热带地区的落叶常绿阔叶混交林和主要见于东部亚热带山地海拔1000米~1200米以上至2200米左右的山地常绿、落叶混交林，以及分布于亚热带石灰岩山地的石灰岩常绿、落叶阔叶混交林等等。

5. 季雨林

中国季风热带地区的地带性森林的代表植被类型，大多数分布在较干旱的丘陵台地、盆地以及河谷地区。它们多数属于长期衍生群落性质，如麻楝林、毛麻栎林、中平树林、山黄麻林、劲直刺桐林、木棉林、榲树林、海南榄仁树林、厚皮树林、枫香林、红木荷林等。

6. 雨林、季节性雨林

多见于我国热带地区海拔500米~700米以上山地。海南岛一带的山地以陆均松、柯类等为主；云南南部则多为鸡毛松、毛荔枝等；石灰岩季节性雨林主要见于广西南部，组成种类繁多。

▲雨林

落叶松

落叶松是我国东北、内蒙古林区以及华北、西南的高山针叶林的主要组成树种，是东北地区三大针叶用材林的树种之一。

落叶松是一种分布在寒温带和温带的树种。在针叶树种中，落叶松的耐寒能力是最强的。它的天然分布很广，主要分布在北半球。落叶松是北方山地寒温带干燥寒冷气候条件下具有代表性的寒湿性针叶林的主要树种之一。中国境内分布着 10 种落叶松，主要分布于黑龙江、吉林、辽宁、河北、山西、陕西、甘肃、新疆、西藏、四川、云南等省区。

落叶松通常形成纯种的森林，有时也会与冷杉、云杉和耐寒的松树或阔叶树形成混交林。在中国分布较广的落叶松有兴安落叶松、华北落叶松、西伯利亚落叶松等。

◆大兴安岭的主人——兴安落叶松

大兴安岭莽莽森林里，到处可以看到兴安落叶松。

巍巍青山，茫茫林海，是野生动物的天然乐园。兴安落叶松，针状的叶子，青翠欲滴，抗寒拒热，生长在永冻层的土壤或沼泽土壤中，扎根虽然浅，但却风吹不动、雷击不倒，顽强地在大兴安岭山脉上生长着。每当大兴安岭的春天到来，松针状的叶子从枝杈上一根根生长出来，先是细小清嫩，就像小针似的，到了夏天，针状叶子疯长着，当受到夏天的阳光雨露滋润时，树干、枝杈和叶子都发生了变化，树干长粗，杈长长，针状的叶子变得深绿。

每逢秋天降临时，针状的叶子变成黄色，结下的松塔落在地上，在有土的地方，它们的种子就会扎根发芽，然后长出一株株小落叶松苗。这些小苗年复一年地生长起来，没人施肥浇水，也没人修枝打杈，它们靠的是阳光雨露的滋润和大兴安岭这块肥沃的土地。在这块土地上，它们成材成林 ，成为大兴安岭落叶松苍翠的森林，形成一个天然屏障；它们为松嫩平原和呼伦贝尔大草原遮挡着风沙和暴风雪，为草原、平原作出奉献，为居住在这里的人们遮寒挡风，使人们在这块土地上得以生存。

▲兴安落叶松

云杉

每到圣诞节前后，在饭店、宾馆和一些家庭中便可看到圣诞树。大家知道吗？圣诞树就是云杉。

▲云杉

云杉的的树形端正，枝叶茂密，是一种深受人们喜爱的观赏树种，它多被用在庄重肃穆的场合，还可作为室内的盆栽。冬季，云杉叶上会出现明显的粉白气孔线，远眺如同白雾缭绕，苍翠可爱。

云杉为松科云杉属的总称。在中国，华北山地分布的云杉最多，东北的小兴安岭等地也有分布。全世界云杉属的树木大约有40种，都分布在北半球。中国境内的云杉约有20种，分布在东北、华北、西北、西南以及台湾等山地及亚高山地带。横断山地区的云杉种类最多，木材蓄积量最丰富。

云杉是一种耐阴性较强的树种，喜爱冷湿的气候；同样喜爱肥沃深厚、排水良好的微酸性和中性沙质土壤。它生长缓慢，既可以形成纯林，也可以与冷杉、落叶松、铁杉和某些喜冷凉气候的松树及阔叶树组成针叶混交林或针阔混交林。

常见的云杉有欧洲云杉、中国青海云杉、日本云杉、中国台湾云杉、中国西藏云杉、中国新疆云杉、雪岭杉、油麦吊云杉、鱼鳞云杉等等。

牧产品

我国是一个畜牧业相当发达的国家。在内蒙古草原、新疆草原和青藏高原上，生活着许多我国特有的放养物种，例如三河马、滩羊、牦牛等等。接下来，我们就领略一下这些“大家伙”的风采。

三河牛

知识链接

三河牛是我国培育的优良乳肉兼用品种，主要分布于内蒙古呼伦贝尔盟大兴安岭西麓的额尔古纳右旗三河地区（根河、得勒布尔河、哈布尔河地区），大约有8万头。

三河牛体格高大结实，四肢强健，蹄质坚实。有角，大部分牛角稍向上、向前方弯曲，少数牛角向上。毛色为红（黄）白花，花片分明，头白色，额部有白斑，四肢膝关节下部、腹部下方及尾尖为白色。

三河牛产奶性能好，年平均产奶量为4000千克，乳脂率在4%以上。在良好的饲养管理条件下，其产奶量会显著提高。三河牛的产肉性能好，2岁~3岁公牛的屠宰率为

▲三河牛

50%～55%，净肉率为44%～48%。

三河牛耐寒，抗病力强，适合放牧。三河牛对各地黄牛品种的改良都取得了较好的效果。三河牛与蒙古牛杂交培育的品种体高比当地蒙古牛提高了11.2%，体长增加了7.6%，胸围增长了5.4%。在海拔2000米的西藏林芝，三河牛不仅能适应当地环境，而且被改良的杂种牛的体重比当地黄牛增加了29%～97%，产奶量也提高了一倍。

三河马

三河马原产于中国内蒙古呼伦贝尔市的额尔古纳地区和大兴安岭以西的滨州沿线，因当地有三条河流（海拉尔河、克鲁伦河、哈拉哈河）而得名。

20世纪初，我国从俄国引入了后贝加尔马，这种马与内蒙古当地的马杂交后，生出了一种优秀的后代——三河马。三河马具有体质结实、结构匀称、抗寒力强、耐粗饲等优点。

三河马属于兼用型，可以骑乘也可以拉车。在三河马的帮助下，内蒙古草原上的马匹质量获得了很大提高。

▲三河马

滩羊

知识链接

滩羊是一种以皮毛出名的绵羊品种。滩羊是蒙古羊的一个分支。公羊有螺旋型大角，母羊无角或有小角，背腰平直，被毛白色，头部有呈黑色、褐色者。滩羊毛的光泽和弹性都很好。除此之外，它的肉质细嫩，脂肪分布均匀，膻味小，是当地人们喜爱的肉食。

◆宁夏特产——宁夏滩羊

宁夏滩羊集中分布于银川市、石嘴山市以及吴忠市的荒原上。辽阔的贺兰山东麓有一块平坦的山前荒原，具备了适宜滩羊生长繁殖的优越条件，成为滩羊最早的生长乐园。

用宁夏民间的话说，宁夏的滩羊“吃的中草药，喝的矿泉水”。滩羊能够成为宁夏的特产，正是宁夏特殊的生态环境造就的结果。

▲宁夏滩羊

新疆细毛羊

▲新疆细毛羊

新疆细毛羊是一种既能提供羊毛，又能提供羊肉的多用途“宝羊”。它的体形较大，公羊体重 85 千克 ~100 千克，母羊体重 47 千克 ~55 千克。公羊大多有螺旋形大角，鼻梁微隆起，颈部有 1 个 ~2 个完全或不完全的横皱褶。母羊无角，鼻梁呈直线形，颈部有一个横皱褶或发达的纵皱褶。

新疆细毛羊原产于新疆伊犁地区巩乃斯种羊场，是我国 1954 年育成的第一个毛肉兼用的细毛羊品种。人们用高加索细毛羊公羊与哈萨克羊母羊、泊列考斯羊公羊与蒙古羊母羊进行了复杂的杂交试验，最终培育出了最早的细毛羊。细毛羊适合在干燥寒冷的高原地区饲养，具有采食性好、生活能力强、耐粗饲料等特点。如今全国许多地方都已经开始在饲养细毛羊。

新疆细毛羊的羊毛是出色的纺织原材料。它的细度、强度、伸长度、弯曲度、羊毛密度、油汗度和色泽等都达到了很高的标准。用细毛羊的毛纺织出的各类毛纺或混纺织品，畅销国内外，深受人们青睐。

牦牛

知识链接

牦牛被称作“高原之舟”，是西藏高山草原特有的牛种。它主要分布在喜马拉雅山脉和青藏高原。牦牛全身一般呈黑褐色，身体两侧和胸、腹、尾的毛长而密，四肢短而粗健。牦牛生长在海拔3000米~5000米的高寒地区，能耐零下30℃~40℃的严寒，且6400米处的冰川才是牦牛爬高的极限。牦牛是世界上生活在海拔最高处的哺乳动物。

牦牛是中国的主要牛种之一，仅次于黄牛、水牛而居第三位。牦牛从古至今一直是青藏高原牧区的优势畜种，因为它具有顽强的生命力。牦牛是牛属动物中，能适应高寒气候且延续至今的珍稀畜种资源，是世界动物中少数地理分布很有限的家畜之一。

我国是世界上牦牛的发源地，全世界90%的牦牛生活在我国青藏高原地区及毗邻的6个省区。其中青海490万头，占全国牦牛总数的38%，居全国第一；西藏390万头，占30%，居全国第二；四川310万头，占23%，居全国第三；甘肃88万头，占7%，居全国第四；新疆17万头，占1.3%，居全国第五；云南5万头，占0.4%，居全国第六。

牦牛全身都是宝。藏族人民衣食住行都离不开它。人们喝牦牛奶，吃牦牛肉，烧牦牛粪。它的毛可做衣服或帐篷，皮是制革的好材料，角可制工艺品，骨头是药材。牦牛素有“高原之舟”之称，它既可用于农耕，又可用作运输工具。

▲黑牦牛

淡水水产品

在一条条江河溪流、一片片湖泊池塘里，生活着许多对人们的日常生活非常重要的水生生物。我们通常见到的鱼虾螃蟹、莲藕菱角，就都生活在淡水里。淡水农业是农业里非常重要的组成部分。所以，我们也需要对这个行业有一些了解。

鲢鱼

鲢鱼是我国主要的淡水养殖鱼类之一，是一种人工饲养的大型淡水鱼。它有生长快、疾病少、产量高等特点。在生产中，鲢鱼经常和草鱼、鲤鱼混养。鲢鱼肉质鲜嫩，营养丰富，分布在我国各大水系，是淡水养殖业中的一颗“明星”。

◆外形

鲢鱼又叫白鲢、水鲢、跳鲢、鲢子，属于鲤形目。它是我国著名的四大家鱼之一。体形侧扁、稍高，呈纺锤形，背部为青灰色，两侧及腹部为白色。头较大。眼睛位置很低，鳞片细小。

◆生活习性

鲢鱼属中上层鱼类。春夏秋三季，绝大多数时间在水域的中上层游动觅食，冬季则潜至深水越冬。

鲢鱼属于典型的滤食性鱼类，终生以浮游生物为食。在鱼苗阶段，鲢鱼主要吃浮游动物。长到1.5

▲白鲢鱼

厘米以上时，它逐渐转向吃浮游植物。鲢鱼还喜欢吃各种人工以及天然饲料。

鲢鱼的食欲和水温成正比。鲢鱼喜高温，最适宜的水温为 23℃ ~32℃。炎热的夏季，鲢鱼的食欲最为旺盛。

鲢鱼的性情活泼，喜欢跳跃，有逆流而上的习性，但行动不是很敏捷，比较笨拙。鲢鱼喜肥水，个体相仿者常常聚集后群游至水域的中上层，特别是水质较肥的明水区。

草鱼

知识链接

在我国淡水养殖中有许多有名的经济鱼类，其中最负盛名的就是由草鱼、青鱼、鲢鱼和鳙鱼四种鱼类组成的“四大家鱼”，草鱼更是其中的“杰出代表”。

◆体形特征

草鱼的体型较长，略呈圆筒型，腹部无棱。头部平扁，尾部侧扁。背鳍和臀鳍均无硬刺，背鳍和腹鳍相对。体呈茶黄色，背部青灰略带草绿，偶鳍微黄色。

◆生活习性

草鱼一般喜欢栖居于江河、湖泊等水域的中下层和近岸、多水草区域。具有河湖洄游习性，性情活泼，游泳迅速，常成群觅食，性贪食，为典型的草食性鱼类。在鱼苗阶段，草鱼摄食浮游动物；幼鱼期兼食昆虫、蚯蚓、藻类和浮萍等；当体长约达 10 厘米时；开始完全摄食水生高等植物，其中以禾本科植物最多。

青鱼

◆外形特征

青鱼体型修长，略呈圆筒形，尾部侧扁，腹部圆，无腹棱。头部稍平扁，尾部侧扁。背鳍和臀鳍无硬刺，背鳍与腹鳍相对。体背及体侧上半部青黑色，腹部灰白色，各鳍均呈灰黑色。

◆分布范围

青鱼主要分布于我国长江以南平原地区的水域中，长江以北则较稀少。它是长江中、下游和沿江湖泊里的重要渔业资源和各湖泊、池塘中的主要养殖对象，为我国淡水养殖的“四大家鱼”之一。青鱼在“四大家鱼”中生长最快。2~3 冬龄可达 3 千克 ~5 千克，最大个体可达 70 千克。

▲草鱼

鳙鱼

鳙鱼有一个很明显的特点，那就是“头大”。因为头很大，它又名“胖头鱼”或“大头鱼”，也有人将其称为花鲢、黑鲢、黄鲢、松鱼、鳙鱼等。它生活在淡水中，成年的鳙鱼体长能达到 1 米多。

▲大青鱼

◆外形

鳙鱼体侧扁，头极肥大。口大，眼小且位置偏低，无须，下胸鳍长，体侧上半部灰黑色，腹部灰白，两侧杂有许多浅黄色及黑色的不规则小斑点。

◆生活习性

鳙鱼喜欢生活于静水的中上层，动作较迟缓，不喜跳跃。以浮游动物为主食，亦食一些藻类。它生长迅速，3 龄鱼可达 4 千克 ~5 千克，最大个体可达 40 千克，天然产量很高。疾病少，易饲养，是我国淡水养殖业中的“四大家鱼”之一，为我国重要的经济鱼类。我国各大水系均有此鱼，但以长江流域中下游地区为其主要产地，东北、华北甚是少见，是我国主要的养殖鱼类之一。

◆鳙鱼和鲢鱼异同

鳙鱼在我国的养殖历史悠久，它与青鱼、草鱼、鲢鱼并称中国的“四大家鱼”。人们通常会把鲢鱼和鳙鱼混为一谈，因为它们长得很相似，鳙鱼还往往被人们称为黑鲢、花鲢等。对于它们之间的差别，明代的李时珍在《本草纲目》中说得极妙:“鳙鱼，状似鲢而色黑，其头最大，味亚于鲢。鲢之美在腹，鳙之美在头，或以鲢、鳙为一物，误矣。首之大小，色之黑白，不大相侔。”把握这些规律，就能分辨出鲢鱼和鳙鱼了。

鲤鱼

◆营养

鲤鱼不但蛋白质高，质量好，而且还能供给人体必需的氨基酸、矿物质、维生素 A 和维生素 D 等营养物质。鲤鱼的脂肪多为不饱和脂肪酸，能很好地降低人体内的胆固醇，从而可以

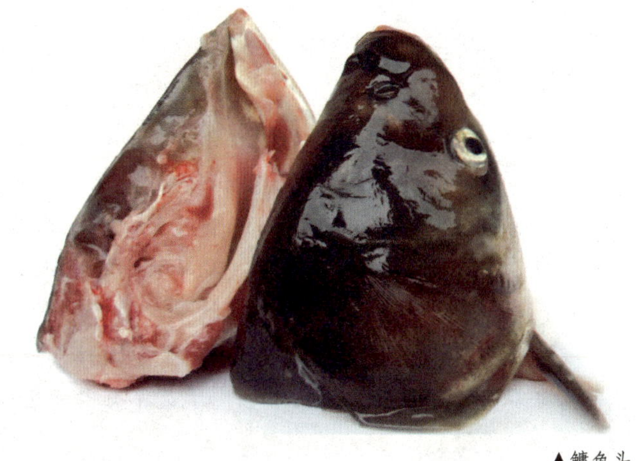

▲鳙鱼头

防治动脉硬化、冠心病。因此，多吃鱼可以健康长寿。

◆生活习性

冬天，鲤鱼进入冬眠状态，沉伏于河底，不吃任何东西。春天产卵，雌鱼常在浅水带的植物或碎石屑上产下大量的卵。卵在 4 天 ~8 天后孵化。鲤鱼生长很快，在饲养条件下，可活 40 年以上。它的平均长度在 35 厘米左右，最大可超过 100 厘米；重量最大可达 22 千克以上。

▲鲤鱼

知识链接

唐朝禁吃鲤鱼的缘由

唐朝人有禁吃鲤鱼的习俗。任何人都不许吃鲤鱼，渔人一旦捕到鲤鱼，要立即放回水里。如果有人售卖鲤鱼，一经发现，就会被立即送到当地官府，按大唐律令加以重责。皇帝之所以如此，是出于一种愚昧荒唐的念头：李姓是大唐的国姓，皇帝姓李，李姓即是至高无上的姓氏。鲤鱼的“鲤”和李姓的“李”同音，因此也属于国姓范畴，鲤鱼倘若任人捕食，会冒犯皇家尊严，于李姓帝室不利，于是才有了禁吃鲤鱼的忌禁。

海洋水产

蔚蓝宽广的海洋里面隐藏着无数的宝藏。海水中不仅含有大量的盐分和其他矿物质，还生活着大量的海洋生物。海底生长着许多海洋植物，这些植物又和许多其他的海洋动物生活在一起……海洋是一个神奇的王国，是一座蓝色的生物展览馆，海洋也是人们发展海洋农业的试验田。

就让我们进入神秘的海洋，去看看海洋农业生产出的丰富多彩的产品。

大黄鱼

◆体形特征

大黄鱼身体扁平，呈现出黄褐色。腹部则呈现为金黄色，各鳍呈黄色或灰黄色。唇为橘红色。大黄鱼是依靠海洋吃饭的渔民最喜爱的鱼类之一。

◆分布和种群

大黄鱼分布于黄海中部以南至琼州海峡以东的中国大陆近海及朝鲜西海岸。雷州半岛以西也偶有发现。中国沿海的大黄鱼可分为 3 个种群：

1. 东海北部、中部群。分布于黄海南部至东海中部。

2. 闽、粤东群。主要分布在东海南部、台湾海峡和南海北部（嵛山岛以南至珠江口）。这一种群又分为北部和南部两大群体。

3. 粤西群。主要分布于珠江口以西至琼州海峡的南海区。

▲大黄鱼

◆生物学特性

大黄鱼为暖温性近海集群洄游鱼类，主要栖息于距海岸线 80 米以内的沿岸和近海水域的中下层。产卵鱼群怕强光，喜逆流，好透明度较小的混浊水域。黎明、黄昏或大潮时多上浮，白昼或小潮时会下沉。

大黄鱼能发出强烈的间歇性声响，同时对声音也很敏感。它的主要发音器官是鳔及其两侧的声肌。当声肌收缩时，压迫内脏使鳔共振而发声。在生殖季节鱼群终日发出“咯咯”“呜呜”的叫声,声音之大在鱼类中少见。这种发声一般被认为是鱼群用以联络的手段，在生殖时期则会被作为鱼群集合的信号。中国的渔民早就以此习性判断大黄鱼群的大小、栖息的水层和位置，以利捕捞。

◆食用方法

大黄鱼含有丰富的蛋白质、微量元素和维生素，对人体有很好的补益作用，对体质虚弱者和中老年人来说，食用大黄鱼会起到很好的食疗效果。大黄鱼含有丰富的微量元素硒，能有效清除人体代谢产生的自由基，延缓衰老，并对各种癌症有防治功效。

大黄鱼肉质较好且味美，“松鼠黄鱼”就为筵席佳肴。大黄鱼大部分鲜销；其他盐渍成“瓜鲞”，即去内脏盐渍后洗净晒干制成“黄鱼鲞”或制成罐头。鱼鳔既可干制成名贵食品“鱼肚”，又可制成“黄鱼胶”。大黄鱼的肝脏含维生素 A，为制鱼肝油的好原料。

一般人均可食用大黄鱼。贫血、失眠、头晕、食欲不振及产后体虚者尤为适宜；但由于大黄鱼是发物，所以哮喘病人和过敏体质的人应慎食。

小黄鱼

◆体形特征

小黄鱼体长而侧扁，呈柳叶形，嘴尖，背部为灰褐色，腹两侧为黄色，鳞片中等大小，背鳍较长，中间有起伏，尾鳍双截形。小黄鱼肉嫩且多，肉呈蒜瓣状，刺少，味鲜美，是一种深受人们喜爱的海产品。

小黄鱼外形与大黄鱼极相似，但体形较小，一般体长 16 厘米～ 25 厘米，体重200克～300克。小黄鱼的背侧为黄褐色，腹侧为金黄色。大黄鱼的鳞片比较小，而小黄鱼的鳞片较大但稀少；大黄鱼的尾柄较长，而小黄鱼尾柄较短；大黄鱼的下唇长于上唇，口闭时较圆，小黄鱼的上下唇等长，口闭时较尖。

▲小黄鱼

◆分布范围

小黄鱼主要分布在我国渤海、黄海和东海等海域内。主要产地在江苏、浙江、福建、山东等省的沿海地区。

◆营养与食用

小黄鱼含有丰富的蛋白质、矿物质和维生素，对人体有很好的补益作用，对体质虚弱者和中老年人来说，食用小黄鱼会起到很好的食疗效果；小黄鱼含有丰富的微量元素硒，能有效清除人体代谢产生的自由基，延缓衰老，并对各种癌症有防治功效。

带鱼

知识链接

带鱼是我国沿海地区产量最高的一种海洋经济鱼类，也是中国人餐桌上的一道传统美食。

◆外形特征

▲带鱼

带鱼又叫刀鱼、牙带鱼，是鱼纲鲈形目带鱼科动物。带鱼的体型正如其名，侧扁如带，呈银灰色，背鳍及胸鳍浅灰色，带有很细小的斑点，尾巴为黑色。带鱼头尖口大，到尾部逐渐变细，好像一根细鞭。它的头长为体宽的2倍，体长1米左右。

◆生活习性

带鱼是一种比较凶猛的肉食性鱼类，牙齿发达且尖利，背鳍很长，胸鳍小，鳞片退化。游动时不用鳍划水，而是通过摆动身体来向前运动，行动自如，既可前进，也可以上下窜动，动作十分敏捷。

带鱼的食性很杂而且非常贪吃，经常捕食毛虾、乌贼及其他鱼类。有时，饥饿的带鱼甚至会同类相残。渔民用鱼钩钓带鱼时，经常会见到这样的情景：钩上钓出来一条带鱼时，它的尾巴正被另一条带鱼咬住。有时，这些“连环”的带鱼一条咬一条，一提一大串。用网捕带鱼时，网内的带鱼常常会被网外的带鱼咬住尾巴，结果这些没有进入渔网的家伙因为贪嘴，最终也被渔民抓了上来。

◆营养价值

带鱼肉嫩体肥、味道鲜美，只有中间一条大骨，没有其他细刺，食用方便，因而带鱼是人们非常喜欢的一种海洋食用鱼类。

带鱼具有很高的营养价值，中医认为它能和中开胃、暖胃补虚，还有润泽肌肤，美容的功效。

乌贼

乌贼俗称墨鱼、墨斗鱼，是一种肉质鲜美、营养含量很高的海洋生物。乌贼和大黄鱼、小黄鱼、带鱼并列，被称为我国的四大海产。

▲墨鱼

◆体形特征

乌贼虽然有时候被人们称为鱼，实际上却不是鱼，而是一种软体动物的子孙。它的表面有一较厚的石灰质内壳，稍扁，两侧有狭窄的肉质鳍。共有 10 条腕，其中 8 条短腕，还有 2 条长触腕以供捕食用。两条长的触角还能缩回到两个囊内，非常可爱。

◆生活习性

乌贼生活在热带和温带的沿岸浅水中，冬季常迁至较深海域。它们平时喜欢在远海遨游，到了春末时节，才成群结队地游到近海来产卵。乌贼喜欢把卵产在海藻或木片上面，挂在海藻上的乌贼卵就像挂在藤上的一串串葡萄。

知识链接

有人说，乌贼是海洋生物中最杰出的烟雾弹专家，这是为什么呢？

原来乌贼肚子里装满了一种特殊的“墨汁”，这种“墨汁”是乌贼保护自己的武器。平时，它遨游在大海里专门吃小鱼小虾，但是，一旦有什么凶猛的敌害向它扑来时，乌贼就会立刻从墨囊里把墨汁喷出来。墨汁会把周围的海水染成一片黑色，扑过来的敌人就会晕头转向，看不见乌贼的踪影。在这黑色烟幕的掩护下，乌贼便逃之夭夭了。

不过，乌贼在墨囊里积贮一囊墨汁，需要相当长的时间，所以，乌贼不到十分危急的时候，是不会轻易施放墨汁的。因此，要见到乌贼释放自己的“烟雾弹”，也是很不容易的。

六 我国主要的农产品基地

商品粮基地

有一些地方土地肥沃，气候适宜，这些地方出产的粮食不仅可以满足当地人们日常生活的需要，还能供给其他地区的人们。这些地方出产的用来出售的粮食就被称为商品粮，而这些出产商品粮的地方就被称为商品粮基地。商品粮基地是我国农业产业中非常重要的组成部分。没有这些商品粮基地，中国就无法实现农业的自给自足和农业产业的现代化改造。

知识链接

我国拥有九个全国性的商品粮基地，它们分别是：太湖平原、鄱阳湖平原、洞庭湖平原、江汉平原、珠江三角洲、江淮地区、成都平原、松嫩平原和三江平原。

天府之国——成都平原

◆素有“天府之国”的美称

成都平原，又名川西平原，四川话称为“川西坝”。它是我国西部地区最大和最主要的商品粮基地。

成都平原上，耕地集中连片，土壤肥沃，河渠纵横密布，是典型的水田农业区。平原上种植的农作物一年可以成熟两到三次。因此，成都平原成为中国重要的水稻、棉花、油菜籽、小麦、柑橘、柚子、油桐、茶叶、药材、蚕丝、香樟等作物的产区。人们形象地把这里称为“天府之国”。

◆成都平原概况

1. 地形

成都平原发育在东北－西南向的向斜构造基础上，由发源于川西北高原的岷江、沱江（绵远河、石亭江、湔江）及其支流冲积而成。特殊的形成方式使这里地形倾斜，气候温和，土质肥沃。因此，成都平原自古以来就是我国的重要农业区。

▲成都平原

2. 土壤

成都平原地表松软，沉积物很厚，平原中心地带的沉积物厚度达300米，且在第四纪沉积物之上覆有粉砂和黏土，结构良好，宜于耕作，为四川省境内最肥沃的土壤。海拔450米~750米，地势平坦，由西北向东南微倾，平均坡度仅3‰~10‰，地表相对高度差都在20米以下，有利于发展自流灌溉。

3. 气候

成都平原气候属亚热带湿润季风气候，年均温度在18℃左右。年均降水量在1000毫米以上，年平均雨天约300天，多雾，是中国阴雨天气最多的地区之一。

4. 水利

成都平原上的农田水利建设十分发达，远在公元前256年，战国时期的秦国就在这里修建了举世闻名的都江堰水利工程，引岷江水灌溉平原上的广大农田，使成都平原成为适合发展农业的富饶之地。后来，人们又在平原上修建了大量其他的水利工程。现在，成都平原上沟渠遍布，水网纵横，成为农田水利建设的示范性地区。

湖广熟，天下足——江汉平原

江汉平原位于北纬29°26′到31°10′，东经111°45′到114°16′之间，面积为3万余平方千米。奔腾浩荡的长江在中游和它最大的支流汉江汇合，两条大江共同孕育出了美丽富饶的江汉平原。

▲江汉平原

江汉平原西起枝江，东迄黄梅，北至钟祥，南与洞庭湖平原相连，包括了湖北省的武汉市、黄石市、荆州市、孝感市的大部分地区。这里的总人口为3200多万，人口密度约为800人/平方千米。江汉平原区位条件优越，得“中”独厚，铁路、公路、水运、航空交错成网，四通八达，连接南北，贯通东西，自古就有“九省通衢”之说。

江汉平原地势低平，水网密布，湖泊众多，属亚热带季风气候。年日照时数约2000小时，无霜期约240天~260天，年降雨量1100毫米~1400毫米。江汉平原大部分地区海拔在50米以下，河渠纵横交错、湖泊星罗棋布。湖北省有“千湖之省”之称，而这些湖泊大多分布在江汉平原。

江汉平原是驰名中外的鱼米之乡。平原上的湖区是中国著名的水产区，盛产鲤鱼、鲫鱼、黄颡鱼、乌鳢、鳜鱼等特色鱼类，还拥有天鹅、白鹤等珍稀水禽，同时也是白鳍豚、麋鹿、中华鲟等国际濒危物种的栖息之地。另外，这里还盛产虾、蟹、贝类、莲藕、菱、芦苇等水产品。

江汉平原也是我国主要商品粮基地之一。平原上的旱地约占总耕地面积的52%，水田约占48%。旱地集中分布于堤内平原，堤内平原上的棉田占耕地面积的40%~60%，个别地区高达80%以上。江汉平原主产水稻、棉花、小麦、油菜。由于这里土壤肥沃，农业发达，人们自古就有“湖广熟，天下足”之说。

洞庭湖平原

洞庭湖平原位于湖南省北部，两湖平原的南部，又称洞庭盆地。这片平原主要由长江通过松滋、太平、藕池、调弦四个入水口输入的泥沙和洞庭湖水系湘江、资水、沅江、澧水等带来的泥沙冲积而成。

▲洞庭湖风光

洞庭湖平原面积约 1 万平方千米。大部分地区的海拔在 50 米以下。地势北高南低，主要的湖沼洼地多在南部边缘地带。湖区内盛产鱼、菱、莲、苇等。

平原上热量丰富，水域广阔、土层深厚，土壤自然肥力较高，是理想的粮、棉、麻、水产和蚕丝的重要基地。因此，这里现在正逐渐成为国内重要的商品粮基地和淡水鱼产区。

鄱阳湖平原

▲清蒸鲥鱼

在江西庐山脚下，有一片浩浩茫茫、一望无际的水面。这就是中国第一大淡水湖——鄱阳湖。鄱阳湖承纳了赣江、抚河、信江、修水、饶河等五大河和若干独流，北注长江，汇归大海。徐霞客称之为“南瞰鄱湖，水天浩荡”。

鄱阳湖平原是鄱阳湖周围的湖滨平原，属于长江中下游平原的一部分，由长江及鄱阳湖水系的赣、抚、信、修、饶等河流冲积而成。位于东经 115° 01′ ~117° 34′，北纬 27° 32′ ~30° 06′，面积约为 38760.6 平方千米。行政上包括鄱阳湖水域、洲滩所在的沿湖 11 个县市，以及外围毗邻的 13 个县市，共计 24 个市县。

这里的气候属于亚热带湿润气候，年均气温 16℃ ~20℃，年降水量约 1500 毫米，年平均无霜期长达 246 天 ~284 天。鄱阳湖流域多年平均径流总量约为 1457 亿立方米，自然环境条件十分优越，不仅适合于发展农业、林业和水产业，也十分有利于各种珍稀动物、鱼类、植物的生长繁衍。

在我国五大淡水湖泊中，鄱阳湖的生物资源最为丰富，生物总量最大，珍稀濒危物种多，生物多样性也最高。辽阔的湖滩，丰富的水草，大量的浮游生物，适宜的水质，为鱼类生存提供了良好的天然条件。湖内有鱼类122种，其中经济价值较高、产量较大的就有20多种。尤以体纤透明、味道鲜美的银鱼和肉质肥嫩、鳞下多脂肪的鲥鱼最为著名，为鄱阳湖名产。此外，莲、藕、菱、芡以及湖贝珍珠也是当地特产。

在平原上，无数的小湖泊星罗棋布，港汊纵横交错，河湖息息相通，沟渠密如蛛网。河湖港汊之间，良田美畴，阡陌相连，尽是田园、鱼塘和莲池，是名副其实的“水乡泽国”“鱼米之乡”。鄱阳湖湖面现在也日趋减缩，但由于不受长江洪水倒灌的影响，其支流携沙量也小，淤积情况没有洞庭湖严重。

▲鄱阳湖平原

平原内侧，是一片低平的广阔湖滩。每当枯水期，鲜嫩的湖草铺满滩地，景色优美。美丽的鄱阳湖，一年四季景色各异，可谓“春季千顷油菜分外黄，夏季万亩荷花吐幽香，秋季处处稻谷闪金光，冬季轻舟湖面捕鱼忙”，一片田园风光。

太湖平原

在地理上，太湖平原是一个以太湖为中心的碟形洼地。平原上多孤立山地分布，一般在 200 米以下。太湖中就有岛 91 个。平原上湖荡成群，河川纵横交错 ，密如蛛网，河道总长约 4 万千米，较大湖荡 250 多个。太湖面积约为 2425 平方千米，平均水深 2.1 米。其西面有滆湖、长荡湖，东面有阳澄湖、澄湖、淀山湖等，形成以太湖为中心的湖泊群。太湖水产丰富，有鱼类 71 种，其中有经济价值的 40 种，主要捕捞对象 18 种。

太湖平原土壤肥沃，河网密布，有长江、江南运河等无数条大小河流通过，灌溉便利，又有较好的耕作措施和机械化条件，可发展双季水稻连作的三熟制。农业区位较好的杭嘉湖平原自六朝以来就是中国皇室和军队用粮的主要来源地区，现在仍是中国主要的商品粮基地，生产棉布的在全国闻名遐迩。此外，它还是苏州碧螺春、杭州龙井等名茶和丝绸的产地。“上有天堂，下有苏杭”说得便是这个地方。

知识链接

太湖平原位于太湖流域，北起长江，东抵东中国海，南达钱塘江和杭州湾，西面被天目山及其支脉茅山与皖南山地、宁镇丘陵相隔开，包括浙江省杭州市主要地区、嘉兴市和湖州市全部、江苏省苏州市、无锡市、常州市全部、丹阳市和上海市全部。

珠江三角洲

美丽富饶的珠江三角洲简称“珠三角”，位于中国广东省的东部沿海，是西江、北江共同冲积成的大三角洲与东江冲积成的小三角洲的总称。它

▲珠江三角洲农田

的面积约 1.13 万平方千米。

珠江三角洲位于亚热带气候带内，终年温暖湿润。年均温 21℃ ~23℃，年均降水量 1500 毫米以上。雨热同期，加上肥沃的土壤，纵横的河道，均对农业有利。这里的水稻单位面积产量在中国名列前茅。平原上出产的热带、亚热带水果也种类繁多，有荔枝、柑橘、香蕉、菠萝、龙眼、柚子、柠檬等 50 多种。淡水渔业亦很发达。

当地人民利用其特殊的地理条件，创造了“桑基鱼塘”“果基鱼塘”“蔗基鱼塘”等经营方式，成为国内生态农业的典范。这些特殊的农业方式既利用了优越的自然条件，又护养了农业生态系统，更促进了农业的发展。

波状平原——松嫩平原

松嫩平原位于黑龙江省西南部，南以松辽分水岭为界，北与小兴安岭山脉相连，东西两面分别与东部山地和大兴安岭接壤。整个平原略呈菱形。它的表面具有波状起伏的特点，因而也被称为波状平原。

松嫩平原占黑龙江省总面积的 1/3 以上，平原内有耕地面积 559 万公顷。这里土壤肥沃，黑土、黑钙土覆盖区域占平原总面积的 60% 以上。平原上盛产大豆、小麦、玉米、甜菜、亚麻、马铃薯等。

▲松嫩平原

松嫩平原是全国重要的商品粮基地，粮食商品率占 30% 以上。此外，由于平原上牧草生长迅速，这里的畜牧业也很发达。

北大仓——三江平原

三江平原的收获季节最让人向往，在广袤的田野上，渠道纵横、农机轰鸣、稻花飘香、麦浪滚滚，一个个领先全国机械化水平的现代化农场，生机勃勃，忙碌而殷实。冬日的三江平原又是寂静、闲适的，冬季有多么漫长，农闲就有多么漫长。在这片无数知青奉献了青春和汗水的土地上，已有 10 个沿江县市作为一级口岸向外开放，生活安逸、祥和的老百姓开始梦想着更美好的未来。

三江平原位于东北平原东北部，由黑龙江、乌苏里江、松花江三条大江冲积而成。它北起黑龙江、南抵兴凯湖、西邻小兴安岭、东至乌苏里江。行政区域包括佳木斯市、鹤岗市、双鸭山市、七台河市和鸡西市等所包括的 21 个县（市）和哈尔滨市所包括的依兰县，区内有 52 个国有农场和 8 个森工局。总面积约 10.89 万平方千米，总人口 862.5 万人，人口密度约为 79 人 / 平方千米。三江平原的“三江”水资源丰富，总量约为 187.64 亿立方米。该区人均耕地面积大致相当于全国平均水平的 5 倍，在低山丘陵地带还分布有 252 万公顷的针阔混交林。

▲三江平原

◆昔日的北大荒

历史上，三江平原曾经是以狩猎和捕鱼为生的满族、赫哲族的生息之地。直至新中国成立前，这里依然人烟稀少，沼泽遍布，故有“北大荒”之称。

三江平原广阔低平的地貌，加上降水集中，夏秋的冷湿气候，还有径流缓慢，洪峰突发的河流，以及季节性冻融的黏重土质，促使地表长期过湿，积水过多，形成大面积沼泽水体和沼泽化植被、土壤，构成了独特的沼泽景观。该区域沼泽与沼泽化土地面积约240万公顷，是中国最大的沼泽分布区。这里的植被多为湿生和沼生植物，主要有小叶章、沼柳、苔草和芦苇等。其中以苔草沼泽分布最广，占沼泽总面积的85%左右，其次是芦苇沼泽。这里的土壤类型主要是黑土、白浆土、草甸土、沼泽土等，而以草甸土和沼泽土分布最广。所有这些因素勾勒出一幅“棒打獐子瓢舀鱼，野鸡飞到饭锅里”的景象。

◆今日的北大仓

20世纪50年代以来，先后有14万转业官兵和45万知识青年到这里“屯垦戍边”，经过数代人艰苦卓绝的努力，这里已建成许多大型国营农场，“北大荒”已变成“北大仓”，成为国家重要的商品粮基地。这里的粮食年总产量达 1500 万吨，商品率更是高达 70%！

这里虽然纬度较高，年均气温 1℃ ~4℃，但夏季温暖，月平均气温最高在 22℃以上，年降水量 500 毫米 ~600 毫米，集中在 6~8 月，雨热同季，适于农作物（尤其是优质水稻和高油大豆）的生长；区内水资源丰富，总量约为 187.64 亿立方米；这里的人均耕地面积大致相当于全国平均水平的 5 倍。在低山丘陵地带还分布有 252 万公顷的针阔混交林。三江平原的三条大江浩浩荡荡，汇流、冲积成了这块低平的沃土。

现在，三江平原环境状况保持良好。广大林区、农村和大部分农场的大气质量均属清洁级水平，除部分河段外天然水质良好。天然沼泽湿地面积有 134.7 万公顷，是珍稀水禽的重要栖息地和繁殖地。这里已建成 6 个国家级湿地自然保护区，其中 3 个还被列入国际重要湿地名录。

▲三江平原

江淮地区

江淮平原指的是江苏省和安徽省的淮河以南及长江下游一带的平原。这片地区的海拔高度为 5~10 米，地势为四周略高，中部较低，海拔高度只有 2~4 米，是长江三角洲的组成部分。江淮平原地势低平，水网稠密，是我国著名的水稻产区，且淡水渔业发达。

▲江淮地区

森林的宝库——林区

三大林区

一望无际的大地上，一片片森林覆盖了高山，掩映了平原，把我们的地球装扮得美丽而又生机勃勃。这些森林中，有的为各种各样的野生动物提供生活的家园，有的替大自然守护着宝贵的水土，有的则为人类提供了

▲长白山森林

丰富多样的林产品。这些为人类提供优质木材和其他森林产品的森林，被人们称为“林区”。

在俄罗斯东部、欧洲北部的部分地区、加拿大和美国的西部地区，森林资源十分丰富。这些地方保存着世界上面积最大的天然针叶林，它们也是世界工业用木材的主要供应基地。巴西、刚果、加蓬、加纳、印度尼西亚、马来西亚和菲律宾等国的热带森林资源也相当丰富。这些热带雨林为人们提供了多种多样的森林产品。

中国的林区，或者说林业基地主要分布在大兴安岭、小兴安岭、长白山和西南的高山峡谷中。此外，南岭、武夷山、赣闽粤等林区，也是以杉木、马尾松及其他速生树种为主的用材林生产基地。

◆东北林区

东北林区是我国最大的天然林区。它的范围包括大、小兴安岭和长白山地区。

▲东北林区

东北林区以中温带针叶—落叶阔叶混交林为主要的森林模式。全区共有森林面积6.8亿亩，占全国森林总面积的37%。木材蓄积量达32亿立方米，占全国木材总蓄积量的1/3。其中，黑龙江省有24亿立方米，占全国木材蓄积量的1/4；吉林省有7亿立方米；辽宁省有1亿立方米。

东北林区由于地理位置的不同，大体可以分为三个部分：

1. “兴安落叶松的故乡”——大兴安岭

大兴安岭是以落叶松为主要树种的林区。它位于黑龙江省西北部和内蒙古东北部。北接黑龙江，西接呼伦贝尔草原，东邻小兴安岭，南依松嫩平原，面积比浙江省还大。

这里的夏日漫天皆绿，树海苍翠蔽天；冬时大地银装素裹，茫茫一片林海雪原，被人们誉为“绿色金子的宝库”。林区内的木材蓄积量占全国总蓄积量的1/6，主要树种有兴安落叶松、樟子松、红松、白桦、椴树、胡桃楸、水曲柳、柞树等。其中兴安落叶松占林区面积的86.1%，树种总量占大兴安岭所有树种总量的72%，每公顷平均蓄积量为120余立方米，是全区面积最大、数量最多的一种特产用材林。因此，大兴安岭又称“兴安落叶松的故乡”。

2. “红松的故乡”——小兴安岭

小兴安岭林区位于黑龙江北部，西北接大兴安岭，东南隔松花江谷地与三江平原相衔接，面积约400万公顷。树种大部与大兴安岭林区相同，但红松所占比重较大，是本区具有代表性的优质用材林。小兴安岭又被称为“红松的故乡”。

3. 长白山林区

长白山林区位于吉林省东部，现在围绕天池建立了长白山自然保护区，面积19万公顷，是世界上原始生态保存最完整的一个地区。据调查，这里共有高等植物1500余种，其中经济价值较大的植物800多种。主要植被类型为温带针阔叶混交林，著名的地带性树种有红松、落叶松、云杉、冷杉、赤松等。此外还有第三纪残留下来的稀有树种。

◆西南林区

西南林区是我国的第二大天然林区，主要包括四川、云南和西藏三省区交界处的横断山区，以及西藏东南部的喜马拉雅山南坡等地区。

▲云南橡胶林

这里山峰高耸，河谷幽深，山麓有滔

滔江河，山间有股股泉水，山脚和山顶高差悬殊，气候也随着高度变化，所以树的种类特别多。山下生长着常绿阔叶树，山腰是落叶阔叶树，再上面就是针叶树。

▲竹海

这里的主要树种有云杉、冷杉、高山栎、云南松等，这些树都是很好的建筑材料。还有珍贵的柚木、紫檀、樟木等。几十年前，在云南省还种植了成片的橡胶树和咖啡树。现在，这些地方已经成为我国重要的热带经济林区。

◆东南林区

我国第三个大林区——南方林区（东南林区），坐落在秦岭、淮河以南和云贵高原以东的广大地区。

这里气候温暖，雨量充沛，植物生长条件良好，树木种类很多，以杉木和马尾松为主，还有我国特有的竹木。林区南部，分布着我国主要的热带和亚热带的森林。林区内的经济林木同样种类繁多，有橡胶林、肉桂林、八角林、桉树林等主要经济林类型。

三大防护林

防护林是为了保持水土、防风固沙、涵养水源、调节气候、减少污染而经营的天然林和人工林，是以防御自然灾害、维护基础设施、保护生产、改善环境和维持生态平衡等为主要目的的森林群落。防护林是中国林种分类中的一个主要林种。

防护林一般有人工营造的（包括连片林地、林带和林网）和由天然林中划定的（如水源涵养林、水土保持林等）两类。国家规定：任何个人和单位都不能砍伐和破坏防护林。

在中国，根据其防护目的和效能，防护林分为水源涵养林、水土保持林、防风固沙林、农田牧场防护林、护路林、护岸林、海防林、环境保护林等。

举世闻名的三大防护林工程，是中国防护林建设工作取得的最突出成就。所以，让我们走近三大防护林，一探究竟。

◆绿色万里长城——三北防护林

三北防护林横跨东北西部、华北北部和西北大部分地区，包括我国北方 13 个省（自治区、直辖市）的 551 个市县区，建设范围东起黑龙江省的宾县，西至新疆维吾尔自治区乌孜别里山口，东西长 4480 千米，南北宽 560 千米 ~1460 千米，总面积 406.9 万平方千米，占国土面积的 42.4%，接近我国的半壁河山。三北防护林体系工程是一项正在我国北方实施的宏伟生态建设工程，它是我国林业发展史上的一大壮举，开创了我国林业生态工程建设的先河，因此又被称为“绿色万里长城”。

在这片历史上曾经森林茂密、草原肥美的富庶土地上，由于种种人为和自然力的作用，植被遭到破坏，土地沙漠化、水土流失的情况十分严重。区域内分布着八大沙漠、四大沙地，沙漠、戈壁和沙漠化土地总面积达 149 万平方千米，从新疆一直延伸到黑龙江，形成了一条万里风沙线。在黄土高原，水土流失面积占这一地区总面积的 90%，在黄河下游的有些地段河床甚至高出堤外地面 3 米 ~5 米，成为地上“悬河”。而且该区域内的大部分地区年均降水量在 400 毫米以下，形成了“十年九旱，不旱则涝”的

▲三北防护林

▲南方沿海防护林——红树林

气候特点。风沙危害、水土流失和干旱所带来的生态危害严重制约着三北地区的经济和社会发展，使各族人民长期处于贫困落后的境地，同时也构成对中华民族生存发展的严峻挑战。

1978 年 11 月 25 日，国务院批准了在三北地区建设大型防护林的工程，并特别强调:“我国西北、华北及东北西部，风沙危害和水土流失十分严重，木料、燃料、肥料、饲料俱缺，农业生产低而不稳。大力种树种草，特别是有计划地营造带、片、网相结合的防护林体系，是改变这一地区农牧生产条件的一项战略措施。”并把这项工程列入“国民经济和社会发展的重点项目”。这一英明决策符合三北地区的实际情况和各族人民的强烈愿望，得到了广大干部群众和当地驻军的积极拥护和热烈响应，在国际国内社会引起了强烈反响，英国《泰晤士报》称赞这一规划构想宏伟将成为人类历史上征服自然的壮举！

◆长江中上游防护林

长江中上游防护林工程是中国在长江中上游流域各省区实施的林业生态工程。规划造林 667 万公顷，以恢复和扩大森林植被，遏制水土流失。

工程区域范围包括 11 个省市的 271 个县。这一防护林的完成，对改善当地自然环境、保持水土和改善当地人民的生活质量，都发挥了举足轻重的作用。

◆沿海防护林

沿海防护林是中国在沿海各省市、自治区实施的林业生态工程。规划造林 356 万公顷，形成 1.4 万千米基干林带，以抗御台风和风沙等自然灾害。

南方的沿海防护林以红树林为主要树种。这些树林在海风面前弯曲但不会折断，努力地守卫着脚下的海岸线。它们是海岸前线的第一道“哨兵”！

牧区

牧区是利用广大天然草原并采取放牧方式经营畜牧业的地区。虽以饲养草食性牲畜为主，也是商品牲畜、役畜和种畜的生产基地。

中国的牧区主要分布在内蒙古、青海、新疆、西藏、宁夏以及甘肃和四川西部地区。

知识链接

世界上的牧区大致分为两大部分：

1. 温带牧区。包括南北半球中纬度地带的亚欧大陆、北美和南美地区。由于低温少雨，牧草矮小，地上部分多在1米以下，为旱生禾草，种类较少，载畜量不高。且牧草生产季节不平衡，冬春畜草矛盾更为突出，畜牧业生产不够稳定。

2. 热带牧区。包括低纬度地带的非洲、大洋洲及南美洲的半干旱牧区。由于终年温暖多雨，牧草高达2米～3米，种类繁多，畜牧业生产水平较高。

中国牧区集中分布在北部、西北部干旱、半干旱及西南部青藏高原地区。通常称内蒙古、宁夏、新疆、青海、西藏为五大牧区。此外，甘肃、四川西部草场面积大，畜牧业历史悠久，也是重要牧区。这些地区历来是全国役畜和毛、皮等畜产品的重要产地。

▲内蒙古牧区

内蒙古牧区

内蒙古自治区是我国最大的牧区。它东起大兴安岭，西至额济纳戈壁，面积88

万多平方千米，草原面积 13.2 亿亩，约占全国草场面积的 1/4，全区生长着各种牧草近千种。大小牲畜 4000 万头，居全国首位；牛羊肉产量居全国第二；牛奶产量为全国第四；绵羊毛、山羊毛及驼毛产量居全国第一。

新疆牧区

新疆维吾尔自治区是我国第二大牧区，草原面积 12 亿亩，其中可利用的 7.5 亿亩占全国可利用草场面积的 26.8%。该牧区草场类型多样，牧草种类繁多，品质优良，给多种畜类发展提供了有利条件。

现在本区牲畜饲养量为 3590 多万头，专门从事畜牧的劳动力占农业

▲新疆牧区

总劳动力 11.5%，年产值达 6.9 亿元（不包括畜产品和畜产品加工），约占农业总产值的 20%。主要畜牧品种有细毛羊、羔皮羊、阿勒泰大尾羊、和田羊、伊犁马等。

西藏牧区

西藏自治区是我国最大的高寒草甸草原畜牧区，草场面积约 8 亿亩，在全国居第三位。由于高寒的自然条件，草场质量以藏东南的山地峡谷较好。主要畜种有藏牦牛、藏羊、藏马等。其中改良绵羊有 10 多万只，改良黄牛 2000 多头。此外，本区在近年还引进牧草和饲料作物品种 80 多种，

▲西藏牧区

种植人工牧草近万亩，草场网围栏面积达 40 多万亩。

青海、甘肃牧区

青海和甘肃是我国第四、第五大牧区，草场面积分别为 10.8 亿亩和 6.8 亿亩。青海省可利用的草场为 5 亿亩，甘肃省为 1.3 亿亩。两省牲畜存栏数都在 2000 万头以上。其中青海有牦牛近 500 万头，占全国牦牛总数

▲白灾

▲青海牧区

40%，该区牦牛奶的乳脂率比一般奶牛高一倍多。所以说，青海省是我国牦牛头数最多、质量最好的省份。

知识链接

牧区的灾星——白灾

白灾又称“白毛风”，是牧区一大灾害。冬春季节里牧区出现“白毛风”时，大风呼啸，雪花飞舞，到处是白茫茫一片，致使水平能见度小于10千米，有时小于1千米。“白毛风”天气会使游牧的牧民和羊群迷失方向，交通受到严重阻塞。同时，因天寒地冻、粮草不足，甚至会使人员受伤冻，牲畜被冻死。

“白毛风” 在气象上称为“吹雪”（水平能见度在1.0千米～10.0千米以内）或“雪暴”（水平能见度<1.0千米）。它常在狂风暴雪时出现，或多次降雪、地面积雪很深后遇上5级～6级大风，松散的积雪被卷起，使大气能见度下降。所以，“白毛风”是因大风引起的一种天气现象，是牧区气象灾害之一。

现在，随着牧民的放牧方式不断改变，从游牧向定居饲养转变，牧民们抵御“白毛风”等自然灾害的能力大大提高了。同时，随着通讯技术的发展，最新的天气预报也可以通过不同方式及时传送到牧区，让当地牧民有时间提前做好防风雪袭击的准备。所以草原上暴风雪带来的损失在逐渐减少。

渔场

渔场是人们在长期渔业生产过程中发现的渔业资源分布密集的地区。渔场的形成经常要综合多种有利的自然因素，例如气温、洋流、海水成分等，缺一不可。

知识链接

我国的主要渔场有四个，分别是：
黄渤海渔场：主要分布在渤海和黄海海域内。
舟山渔场：分布在舟山群岛附近的海域内。
南部沿海渔场：分布在广东沿海。
北部湾渔场：分布在北部湾海域。

下面，我们以我国最大的舟山渔场为例，一起体验一下我国广阔渔场的美景。

舟山渔场是我国最大的近海渔场。在世界上，它与日本的北海道渔场、加拿大的纽芬兰渔场、秘鲁的秘鲁渔场等齐名，共同被称为世界上最好的渔场。

◆地理位置

舟山渔场位于北纬 29° 30′ ~31° 00′，东经 121° 30′ ~125° 00′，东侧为舟外渔场，南连渔山渔场，北接长江口渔场，总面积约 5.3 万平方千米。

渔场的海底以粉砂质软泥和黏土质软泥等细颗粒沉积混合物为主，是东海大陆架的组成部分。水深一般在 20 米～ 40 米。自北向南 80 米等深线距岸宽 280 千米～ 150 千米。

◆水文特点

舟山渔场地处长江、钱塘江、甬江入海口，沿岸流、台湾暖流和黄海冷水团交汇于此。大陆径流每年平均入海近 1 万亿立方米，形成强大的低盐水团，水色混浊，春夏向外伸展，秋冬向沿岸退却。

▼舟山渔场的拖虾渔船

台湾暖流高温高盐，水色澄清，春夏自南向北楔入，直抵沿岸水域，冬季偏离沿岸，向南退缩。黄海冷水团南下，随台湾暖流强弱的变化，秋冬季似舌尖状伸入渔场，初夏逐渐向北退缩，形成南北带状逶迤的水团混合区。渔场潮流属正规半日潮区，外侧岛屿连线以东海区，流向以顺时针方向呈回转流；以西海区，岛屿列布，往复流转突出。渔场水温，夏季表层月平均最高 28 ~ 29℃，冬季 8℃以下。渔场盐度，外侧海区月平均 29‰ ~ 34‰；内侧海区因受大陆径流影响，变化较大，夏低冬高。

◆生物资源

大陆江河径流源源不断地注入，为渔场带来大量浮游生物，与海水营养盐类的结合，促使其迅速生长繁殖。浅海水域浮游植物有 151 种，其中浮游硅藻占 90% 以上。水体中浮游植物年平均含量为 107 × 104 个 / 立方米，夏高冬低。浮游动物有 123 种，年平均含量 87.7 毫克 / 立方米，夏季最高达 1633 毫克 / 立方米。

地理、水文、生物等优越自然条件使舟山渔场及其附近海域成为适宜多种鱼类繁殖、生长、索饵、越冬的生活栖息地。其中，大黄鱼、小黄鱼、带鱼和乌贼是舟山渔场捕捞量最多的资源群体，它们并称为我国的“四大鱼产”。

七 中国农业分区

根据农业自身的特征和农业区所在的地理位置，我国可以被划分为九个大的农业区。农业区的划分有助于了解我国农业的综合情况，也有助于了解我国农业在不同地区的不同特征和不同农业产业的分布规律。所以，就让我们一一了解这些农业分区吧！

水田农业区

长江中下游地区

本区位于淮河 - 伏牛山以南，福州 - 英德 - 梧州 - 线以北，鄂西山地—雪峰山一线以东，包括豫、苏、皖、鄂、湘、沪、浙、赣、闽、粤、桂的544个市县，是一个人多地少，水热资源丰富，农林渔比较发达，农业生产水平较高的地区。

◆农业区位条件

全区属北亚热带和中亚热带，年均温14℃~18℃，年降雨量800毫米~2000毫米，无霜期210天~300天，农作物可以一年两熟或三熟，平均复种指数达223%。地带性土壤仅见于低丘缓冈，主要是黄棕壤或黄褐土。南缘为红壤，平原大部为水稻土。平原约占该区总面积的1/4，丘陵山地占3/4，水网密布，湖泊众多，淡水水域面积约占全国的一半。

▲鱼米之乡

▲西南农林牧区

区域内河汉纵横交错，湖荡星罗棋布。两湖平原上，较大的湖泊有1300多个，如果算上小湖泊，那么湖泊总数将达到1万多个。这些湖泊的面积为1.2万多平方千米，占两湖平原面积的20%以上。众多湖泊还与长江相通，能够起到调节水量，削减洪峰的天然水库作用。由于拥有得天独厚的地理优势，这里成为全国经济最发达的地区之一，区域内的主要城市有上海市、南京市、武汉市、南昌市、苏州市、无锡市、常州市、南通市、芜湖市、长沙市等。

◆重要的粮棉油生产基地

该区农业发达，土地垦殖指数高，是全国重要的粮、棉、油生产基地，盛产稻米、小麦、棉花、油菜、桑蚕、苎麻 、黄麻等。

这一地区的稻谷产量占全国的57%，油菜籽（按播种面积）占全国的50%，茶叶产量占全国的73%，桑蚕茧产量占全国的48%，油茶籽产量占全国的75%。此外，本区还是全国主要的淡水产品生产区，淡水水产产量占全国的60%，鱼 、虾、蟹、莲、菱、苇等都是本区的代表性水产品。“鱼米之乡”就是人们对富饶的江南地区的最好描述。

西南区

本区位于秦岭以南，百色—新平—盈江一线以北、宜昌—溆浦一线以西，川西高原以东，包括陕、甘、川、云、贵、鄂、湘、桂的432个市县，是一个地处亚热带、以山地丘陵为主的重要农林基地。

本区水热条件较好，但光照条件较差，川黔地区的光照时数为全国最低。丘陵山地和高原面积占全区的95%，本区地形复杂，少数民族众多，农业生产地域类型复杂多样。种植业集中在成都平原和数千个小块的河谷平原、山间盆地，是我国重要的粮食、油料、甘蔗、烟叶、茶叶、柑橘、蚕丝产区，也是用材林、经济林和畜产品基地。本区的油桐籽、生漆、乌桕籽等林特产品和药材在全国也占有重要地位。

华南区

华南农林渔区位于福州—大埔—英德—百色—新平—盈江一线以南，包括闽、粤、桂、滇的191个市县，是我国唯一适宜发展热带作物的地区。

▲华南地区茶田

本区高温多雨，水热资源为全国之冠，四季常青，生物资源丰富，但夏秋台风和冬季寒潮对水稻、香蕉、橡胶等常造成危害。山多田少，人多地少，近90%的面积是丘陵山地，宜农的平原盆地有限。森林覆盖率在30%以上。是甘蔗、香蕉、菠萝、荔枝、龙眼、柑橙等的主产区，是橡胶的唯一产区，也是重要的水产品和蚕丝生产基地。

旱地农业区

东北区

东北区包括黑龙江、吉林、辽宁（除朝阳地区外）三省及内蒙古东北部大兴安岭地区共 181 个市县市，面积 95.3 万平方千米。

本区平原广阔，土地肥沃，适宜发展种植业。三江平原、大兴安岭、小兴安岭两侧和松嫩平原北部，有大量的宜农荒地，是我国开荒扩耕的重点区。 解放后建立了大批国营农场，其耕地面积占全国国营农场的 1/2，使“北大荒”变成了我国重要的商品粮基地。全区森林覆盖率达 32%，森林面积和木材蓄积量占全国的 1/3，是我国最大的天然用材林区，木材产量占全国的 1/2 以上。

这一区域内的土地、水和森林资源比较丰富，但热量资源不够充足。

▲东北旱地农业区

由于纬度高，冬季严寒，无霜期由北至南 80 天 ~180 天，除辽宁省南部外，大部分地区只能一年一熟。北部地区 6 月 ~8 月的作物生长期内常出现低温冷害造成减产。本区是我国人均粮食产量最多的地区，每个农业人口年平均产粮 801 千克，常年向国家提供大量商品粮。而且本区柞蚕茧产量占全国的 60% 左右。

黄淮海区

黄淮海区位于长城以南、淮河以北、太行山和豫西山地以东，包括京、津、冀、鲁、豫、皖、苏的 375 个市县，耕地 3.36 亿亩（居各农区之首）。垦殖指数达 50%，是全国最大的小麦、棉花、花生、芝麻、烤烟生产基地。温带水果苹果、梨、柿的产量居全国之首，但林牧业薄弱。

◆农业区位条件

全区土地 3/4 为平原，土层深厚，无霜期 175 天 ~220 天，年降雨量 500 毫米 ~800 毫米。春旱、夏涝常常在年内交替出现，而土壤盐碱化又广

▲河北的大樱桃

泛出现于低平洼地，旱涝碱是影响本区农业生产的主要不利因素。经过 30 多年来的农业建设，有效灌溉面积已占耕地总面积的 55%，耕地中的盐碱土已有一半得到改良。生产条件的改善和农村政策的调整，促进了该区农业生产的发展。

黄土高原区

黄土高原区位于太行山以西、青海日月山以东、伏牛山和秦岭以北、长城以南，包括冀、晋、豫、陕、甘、青、宁的 227 个市县。这是一个以旱杂粮生产为主、水土流失严重、产量不高不稳、亟待综合治理的地区。

本区大部年降雨量在 400 毫米 ~600 毫米，但年变率大，春旱严重，夏雨集中。本区近 70% 的土地覆盖着深厚的黄土层。黄土颗粒很细，土质松软，在地面缺乏植被和暴雨的侵蚀下，地面被分割得支离破碎，形成塬、梁、峁等沟壑交错的地形。本区无霜期 120 天 ~250 天，长城以南、南盘山以东大部分地区农作物可以复种，山西、陕西的汾渭谷地种植小麦、棉花。

▲陕北成熟的柿子挂满枝头

西北灌溉农业区

甘新区

本区位于包头—盐池—天祝一线以西，祁连山—阿尔金山以北，包括新疆、甘肃、宁夏、内蒙古的131个市县，是一个界线长、气候干旱、地广人稀、少数民族聚居、以灌溉农业和荒漠放牧业为主的地区。

本区的光能资源丰富，热量条件较好，晴天多，辐射强，气温日较差大（大部分为12℃~16℃），但光、热、水、土资源分布上有较大缺陷。年降水普遍小于250毫米，其中一半以上地区小于100毫米，不能满足农作物最低限度的水分需要。所幸高山和盆地相间分布，阿尔泰山、天山、昆仑山、祁连山等高山地区降水量比较丰富（有的年降水400毫米~600毫米），在海拔3500米以上的高山区，广泛分布着永久积雪和现代冰川，成为高山区的固体水库，夏季则部分消融补给河流，成为山麓地带农田灌溉的主要水源。

▲内蒙古高原麦田

区域内的农业普遍呈分散小块分布，大小全靠“以水定地”，没有灌溉就没有农业。只有少数海拔较高的山前有少量旱地，但产量比灌溉地低很多。河套平原、河西走廊、伊犁地区是本区的粮食（以小麦为主）基地，南疆地区是重要的长绒棉基地。

知识链接

荒漠区牧业的特点是：平原（盆地）牧场和山地牧场结合的季节游牧，绵羊、山羊、牛、马等家畜利用山体（阿尔泰山、天山、祁连山、昆仑山等）明显存在的垂直地带作为不同季节的牧场，夏季放牧于高山亚高山草甸，冬季放牧于背风向阳的山麓谷地荒漠草原，春秋放牧于其间的疏林地、山前平原和荒漠。本区畜牧业尚停留在“靠天养畜”状态，季节牧场不平衡，草原建设很差，山麓地带农牧矛盾突出，农业耕作、经营粗放，盐碱和风沙危害较大。

内蒙古及长城沿线区

内蒙古及长城沿线区包括内蒙古自治区包头以东地区（除大兴安岭地区外）、辽宁朝阳地区、河北承德和张家口地区、北京市延庆县、山西晋北和晋西北地区、陕西榆林地区沿长城各县、宁夏盐池和同心县等共 130 个市县。

这一区域处于东部平原向蒙古高原、由半湿润向半干旱和干旱地区过渡的地带，雨量少且变率大，年降雨量从东南向西北递减。春旱严重，无霜期 100 天 ~150 天，农作物只能一年一熟，水热条件不够充足，但草原辽阔，可农牧兼营。北部为牧区，中部为半农半牧区，南部为农区。

该区降雨量 200 毫米 ~500 毫米，大部分地区处于半干旱地带，冬春少雨，风大且多，地面易受风蚀造成沙漠化。我国北方 16.4 万平方千米的沙漠化土地，绝大部分分布在本区内，是全国生态平衡严重失调地区之一。

农业主要种植各种旱杂粮（春小麦、高粱、谷子、莜麦、马铃薯等）、耐寒油料（胡麻等）及甜菜。

青藏高原农业区

青藏高原农业区包括西藏自治区、青海省大部、甘肃的甘南自治州和天祝县、肃南县、四川省西部、云南西北角共155个市县，是我国重要的牧区和林区。

它是由若干高大山岭和许多台地、湖盆和谷地相间组成的广阔山区，海拔4500米以上的高原约占该区的2/3，3000米以下地段只限于东部和南部的一些谷地，不及全区总面积的1/10。高寒（地势高、气温低）是本区的主要自然特点，大部分地区热量不足，只宜放牧；东南部海拔4000米以下的部分地区可种植耐寒喜凉作物；南部边缘河谷地带可种玉米、水稻等喜温作物。本区的太阳辐射量是全国最多的地区，气温日较差大，为形成作物大穗、大粒、大块茎提供了自然前提。

本区有天然草场约1.3

亿公顷，东部和南部以草甸为主，为优质牧场。牲畜以耐高寒的牦牛、藏绵羊和藏山羊为主。农作物以青稞、小麦、豌豆、马铃薯、油菜等耐寒性较强的作物为主。东南部及东部有广阔的天然森林，树种以云杉、冷杉为主。

▲青藏高原农业区

八 藏在谚语中的农业智慧

在漫长的农业生产实践中，聪明智慧的中国人总结出了许多农业生产中的规律，还把这些规律编成了歌谣和谚语，一代代传了下来。即使到了今天，这些农业谚语也依然闪耀着智慧的光芒，依然可以指导如今的农业生产活动。

我们给大家精选了几组不同主题的农业谚语，大家不仅可以从这些谚语里面学习到许多农业知识，也可以感受到中国传统农业的精华所在。

经过众口相传后的不少谚语不仅仅是农业谚语，而变成了大家耳熟能详的生活哲理和人生格言。

◆雨水与农业

春雷响，万物长。

麦怕清明连夜雨。

处暑下雨烂谷箩。

夏雨稻病，春雨麦病。

立春三场雨，遍地都是米。

六月下连阴，遍地出黄金。

▲雪后的田地

春天三场雨，秋后不缺米
春雨贵似油，多下农民愁。
春得一犁雨，秋收万担粮。
春雨满街流，收麦累死牛。

春雨漫了垄，麦子豌豆丢了种。
雨洒清明节，麦子豌豆满地结。
伏里一天一暴，坐在家里收稻。
清明前后一场雨，豌豆麦子中了举。

有钱难买五月旱，六月连阴吃饱饭。
黑夜下雨白天晴，打的粮食没处盛。
一阵太阳一阵雨，栽下黄秧吃白米。
三伏要把透雨下，丘丘谷子压弯桠。

秋禾夜雨强似粪，一场夜雨一场肥。
立秋下雨万物收，处暑下雨万物丢。
三月雨，贵似油；四月雨，好动锄。

伏里无雨，谷里无米；伏里雨多，谷里米多。
◆降雪与农业
大雪兆丰年。

冬雪是被，春雪是鬼。
冬雪年丰，春雪无用。

冬雪一条被，春雪一把刀。
腊雪如盖被，春雪冻死鬼。
冬雪是麦被，春雪烂麦根。
春雪填满沟，夏田全不收。

雪化水成河，麦子收成薄。
大雪飞满天，来岁是丰年。
大雪下成堆，小麦装满屋。
今冬大雪飘，明年收成好。
春雪流成河，人人都吃白面馍。

一场冬雪一场财，一场春雪一场灾。
腊月大雪半尺厚，麦子还嫌“被”不够。
麦苗盖上雪花被，来年枕着馍馍睡。
◆气温与农业
寒损根，霜打头。
冷收麦，热收秋。
夏作秋，没得收。

五月不热，稻谷不结。
六月不热，稻子不结。
六月盖被，有谷无米。
三伏不热，五谷不结。
麦里苦虫，不冻不行。

人热了跳，稻热了笑。
荞麦见霜，粒粒脱光。

人往屋里钻，稻在田里窜。
清明热得早，早稻一定好。
四月不拿扇，急煞种田汉。
人怕老来穷，稻怕寒露风。

遭了寒露风，收成一场空。
桑叶逢晚霜，愁煞养蚕郎。

▲水稻

晚霜伤棉苗，早霜伤棉桃。

铺上热得不能躺，田里只见庄稼长。

人在屋里热得跳，稻在田里哈哈笑。

下秧太冷怕烂秧，小秧出水怕青霜。

棉怕八月连天阴，稻怕寒露一朝霜。

◆物候与农业

1. 植物预报农时

菊花黄，种麦忙。高粱熟，收稻谷。

柳絮落，栽山药。飞杨花，种棉花。

柳絮扬，种高粱。榆钱黄，种谷忙。

杨絮落，种山经。

枣儿红肚，磨镰割谷。

柳絮落地，棉花出世。

桃树开花，地里种瓜。

▲田地

桃花落地，豆子落泥。
杨叶钱大，要种黄瓜。
柳毛开花，种豆点瓜。

杨叶如钱大，遍地种棉花。
柳絮乱攘攘，家家下稻秧。
柳芽拧嘴儿，山药入土儿。
九尽杨花开，农活一齐来。
杨叶拍巴掌，老头压瓜秧。
杨叶拍巴掌，遍地种高粱。

2. 动物预报农时

小燕来，抽蒜薹；大雁来，拔棉柴。
知了叫，割早稻。知了喊，种豆晚。
蚱蝉呼，荔枝熟。蚕做茧，快插秧。

青蛙打鼓，豆子入土。黄鹂唱歌，麦子要割。
蚊子见血，麦子见铁。布谷布谷，赶快种谷。

蛤蟆叫咚咚，家家浸谷种。
青蛙呱呱叫，正好种早稻。

◆肥料与农业

一分肥，一分粮；
十分肥，粮满仓。

粪草粪草，庄稼之宝。
种地无巧，粪水灌饱。
庄稼要好，肥料要饱。

▲庄稼

种田不要问，深耕多上粪。
种田粪肥多，谷子箩搭箩。
种田无他巧，粪是庄稼宝。

粪是土里虎，能增一石五。
粪是庄稼宝，缺它长不好。
种地没有鬼，全仗粪和水。

庄稼一枝花，全靠肥当家。
粪是农家宝，庄稼离它长不好。

庄户地里不要问，除了雨水就是粪。
庄稼活，不要问，除了工夫就是粪。

能耕巧种，不如懒汉上粪。
肥多急坏禾，柴多压死火。
惯养出娇子，肥田出瘪稻。
白地不下种，白水不栽秧。
无肥难耕种，无粮难行兵。
种地不上粪，好比瞎胡混。
种地不上粪，一年白费劲。

好田隔年不上粪，庄稼长得也差劲。
肥田长稻，瘦田长草。
上粪不要多，只要浇上棵。
牛粪凉，马粪热，羊粪啥地都不劣。
◆种子与农业
种子不纯，坑死活人。
种子不好，丰收难保。

种子经风扇，劣种容易见。
种子经过筛，幼苗长得乖。
种子粒粒圆，禾苗根根壮。

好儿要好娘，好种多打粮。
好花结好果，好种长好稻。
好种出好苗，好花结好桃。

良种种三年，不选就要变。
三年不选种，增产要落空。
种地不选种，累死落个空。

种子买得贱，空地一大片。

好种长好苗，坏种长稗草。
千算万算，不如良种合算。
宁要一斗种，不要一斗金
种子不选好，满田长稗草。
高粱选尖尖，玉米要中间。
谷种要常选，磨子要常锻。
稻种换一换，稻谷多一担。
麦种调一调，好比上道料。

▲丰收的水果